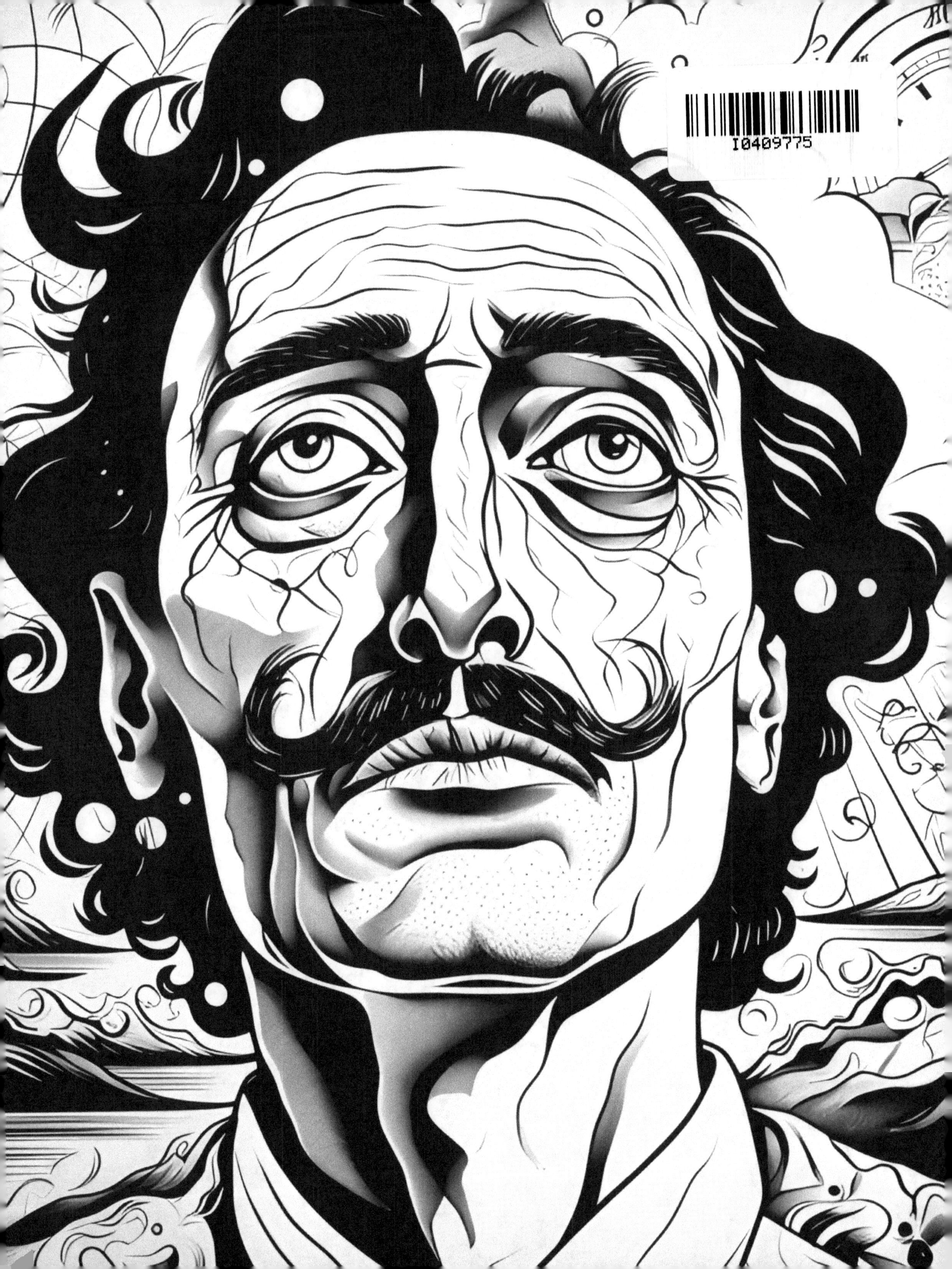

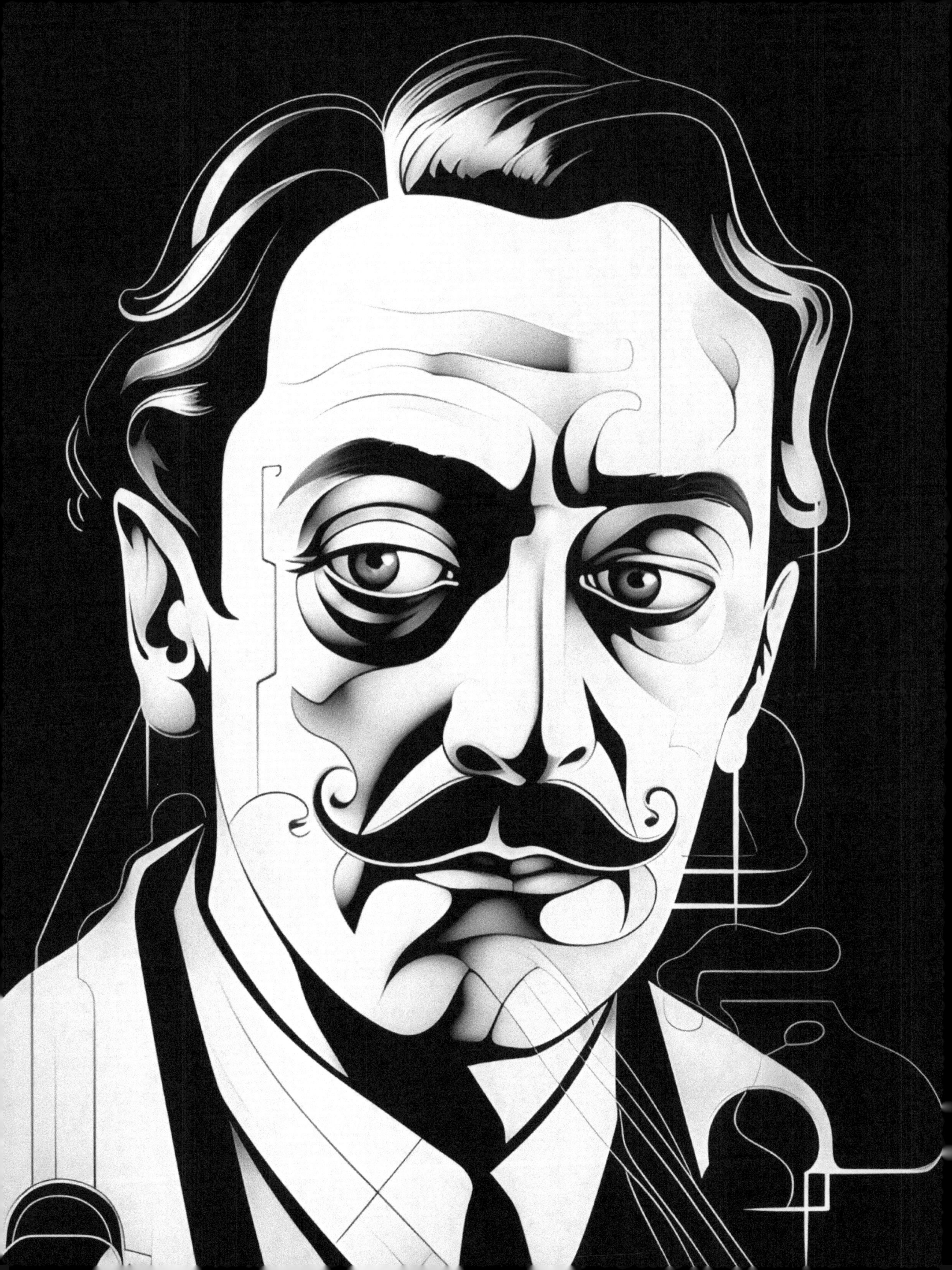

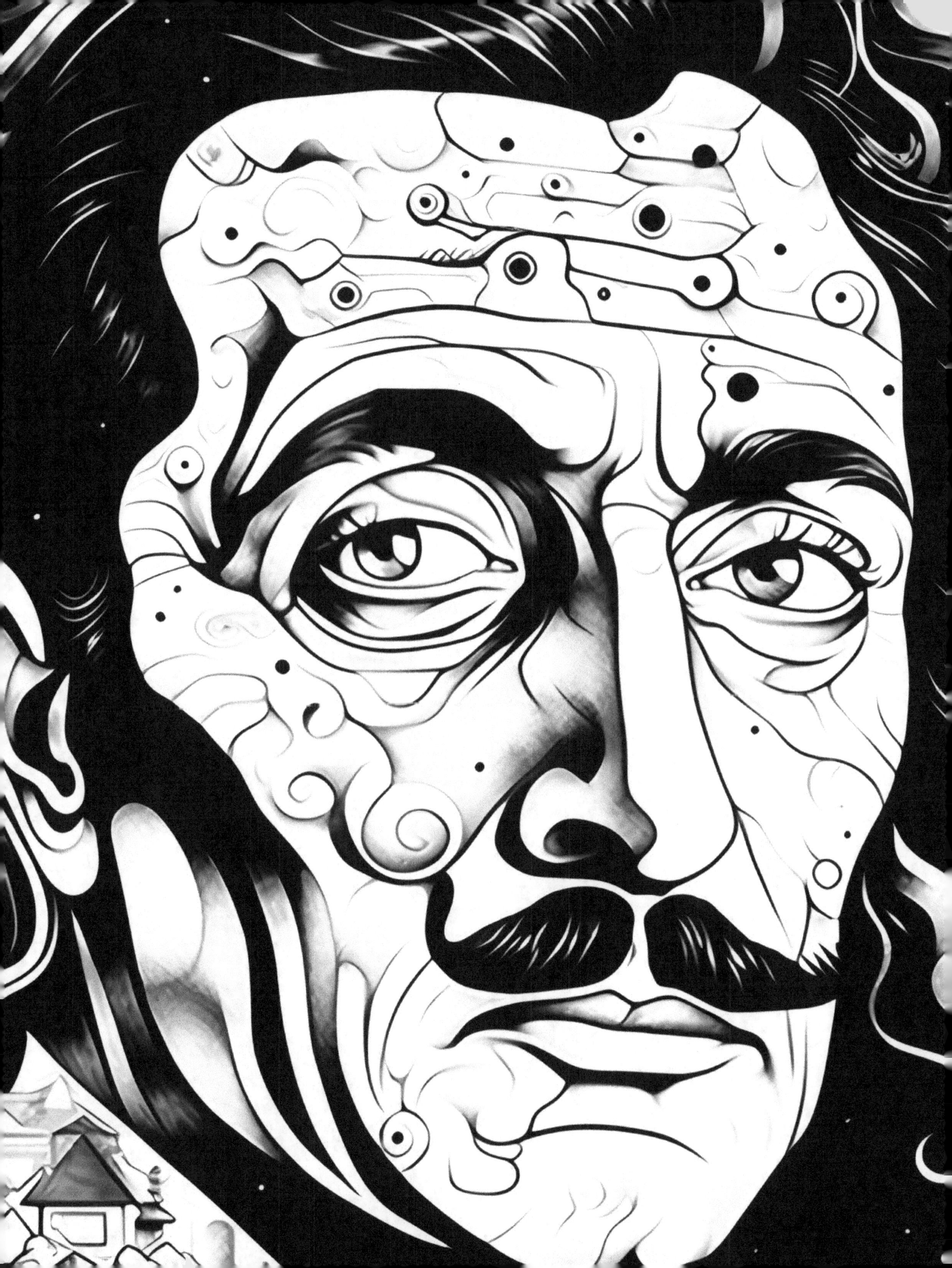

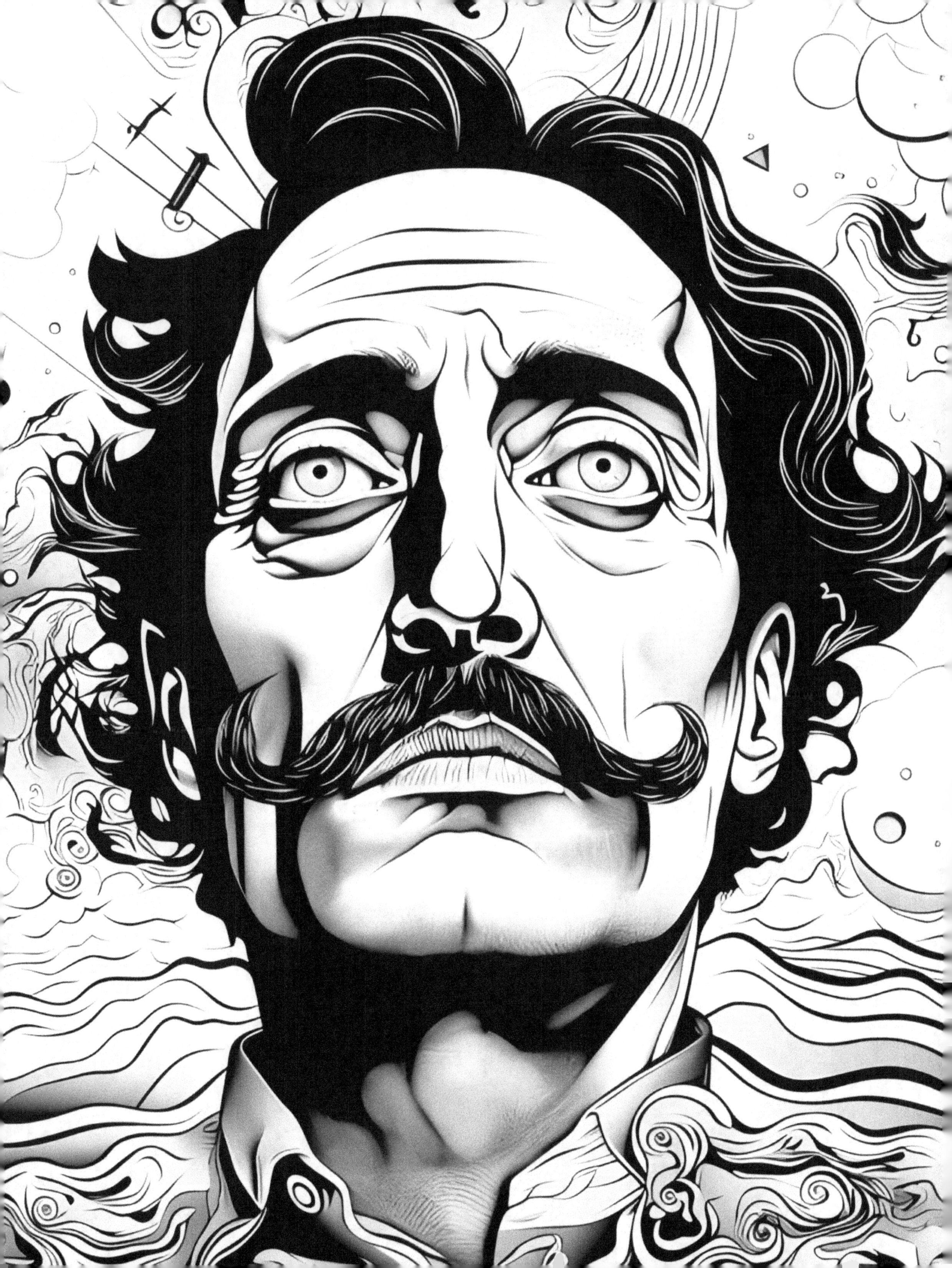

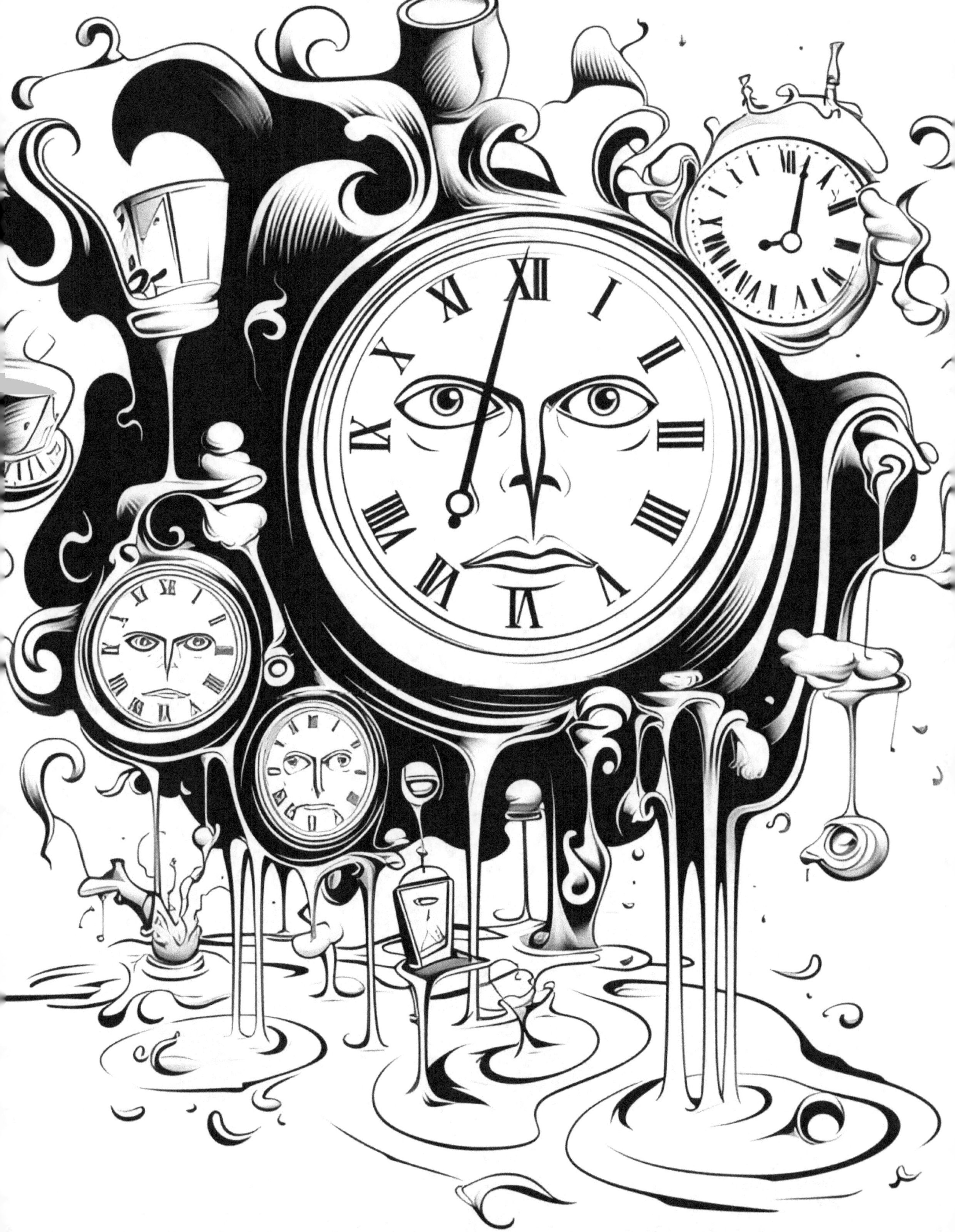

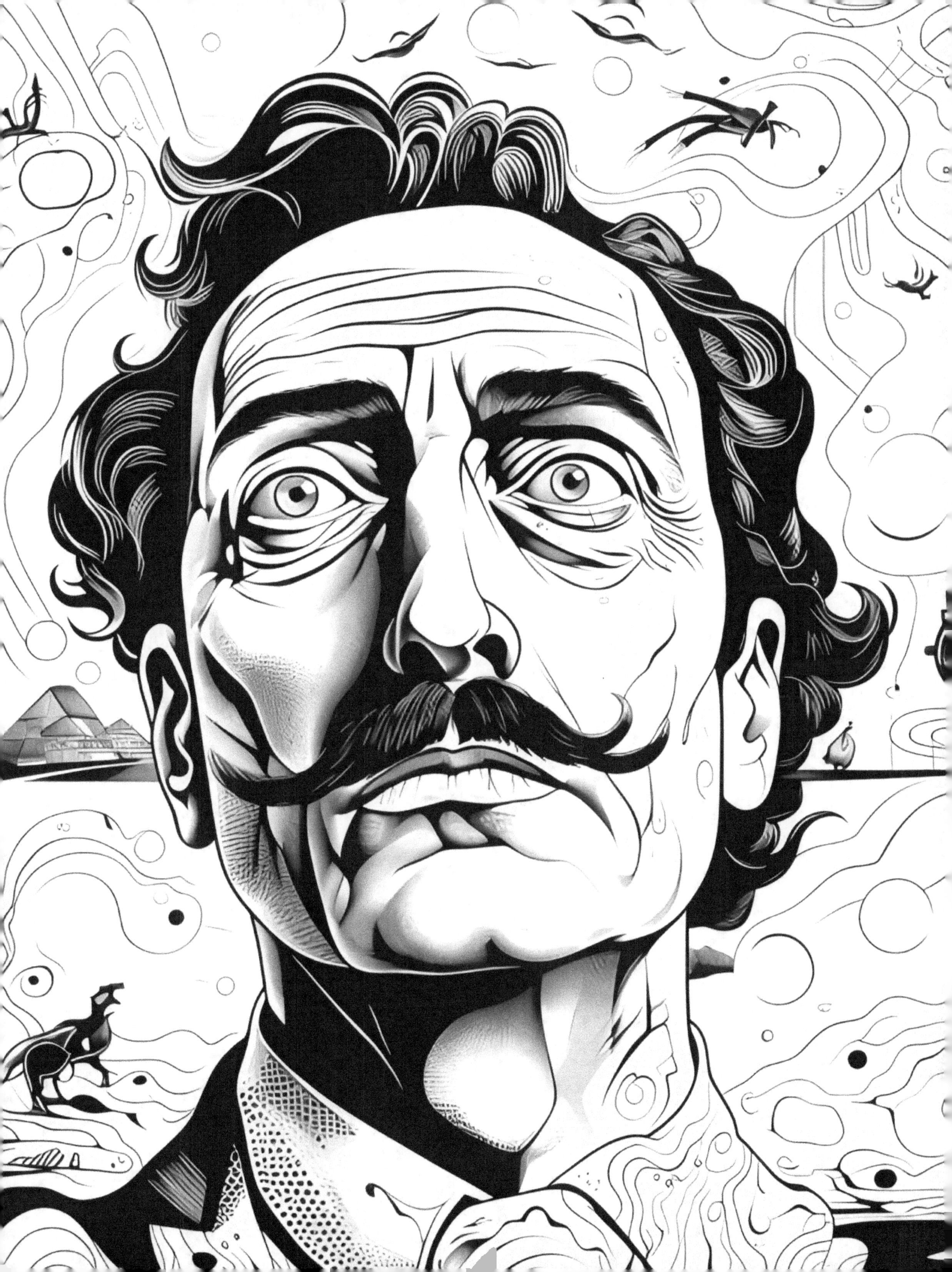

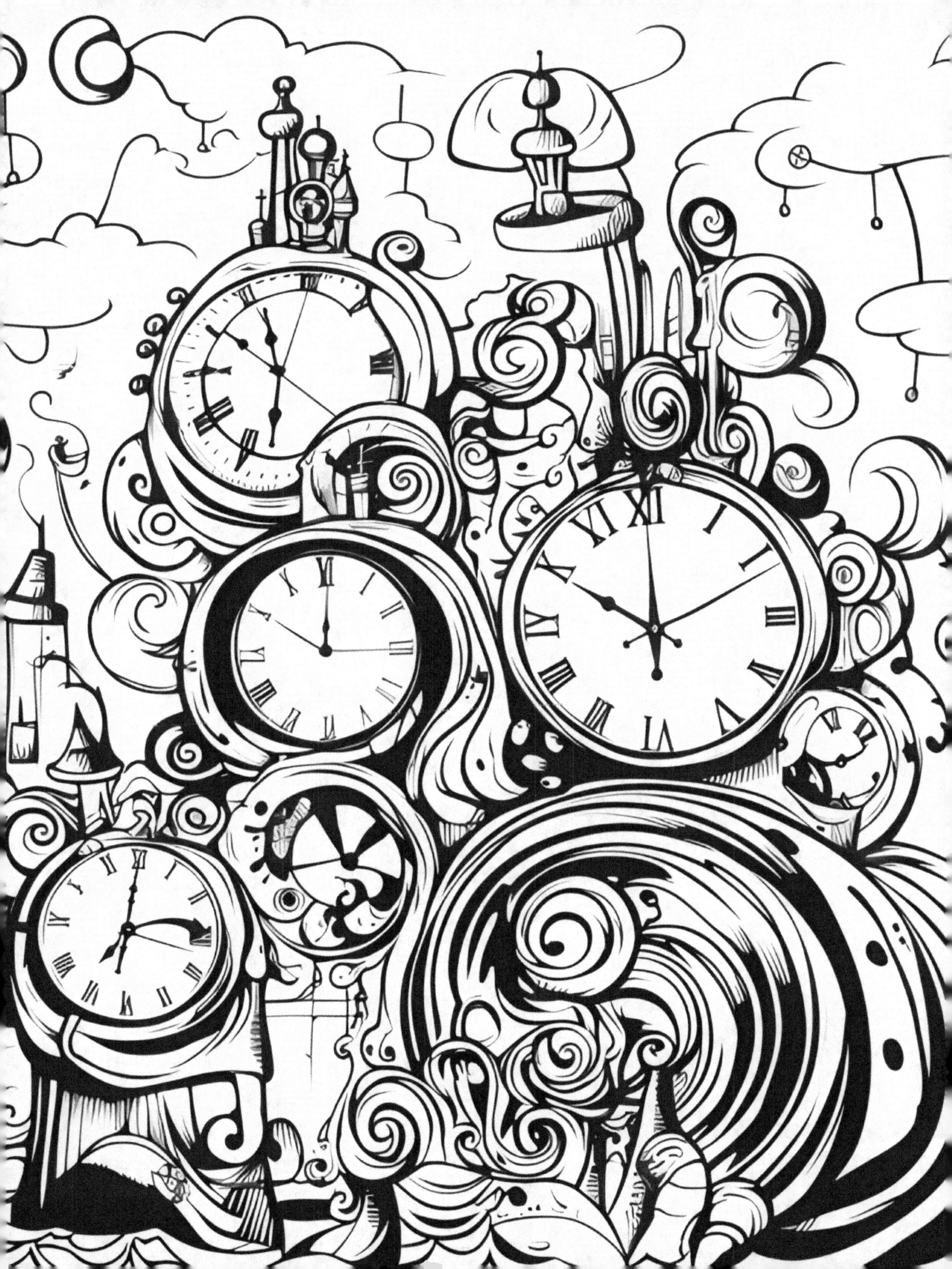

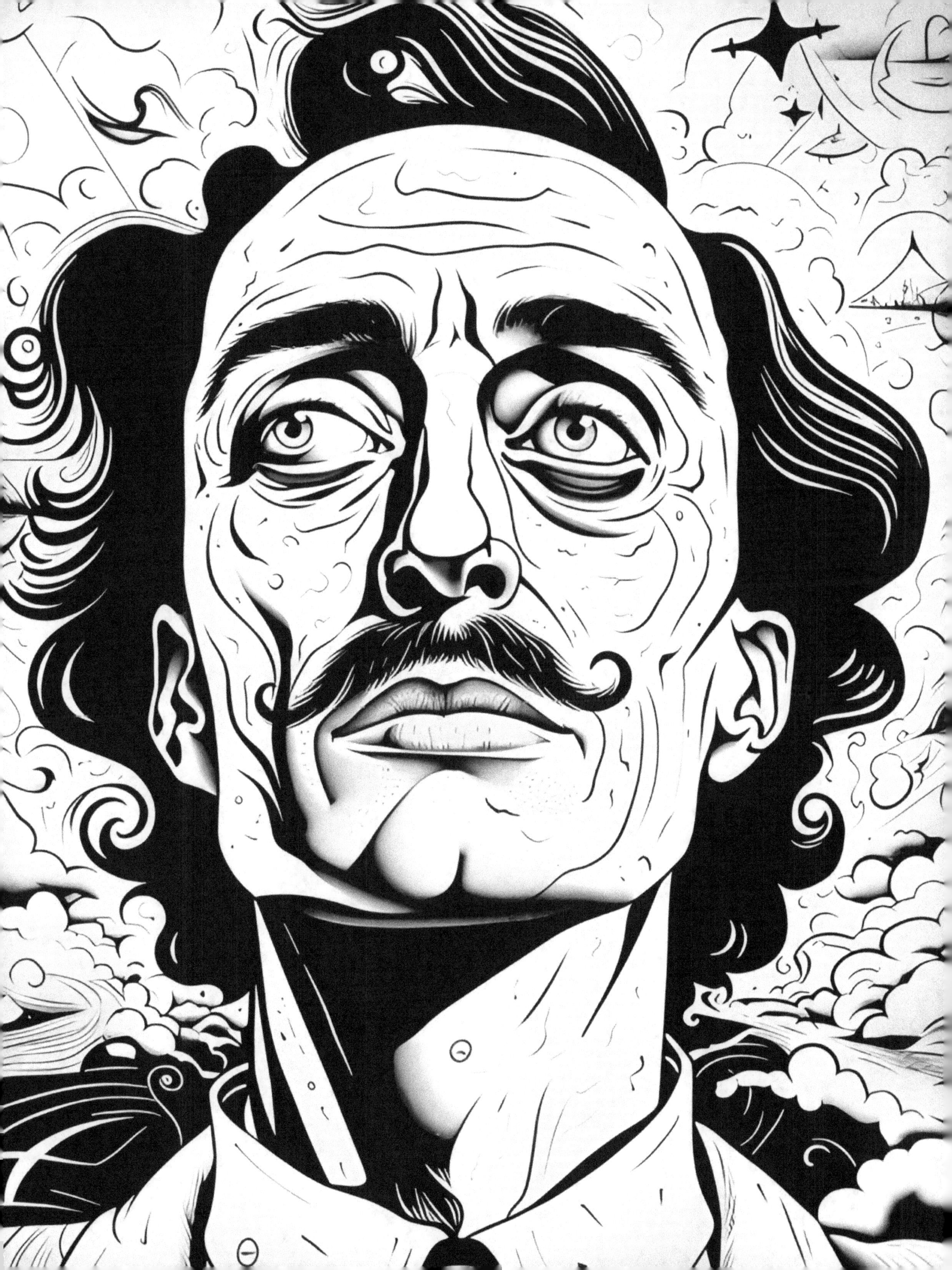

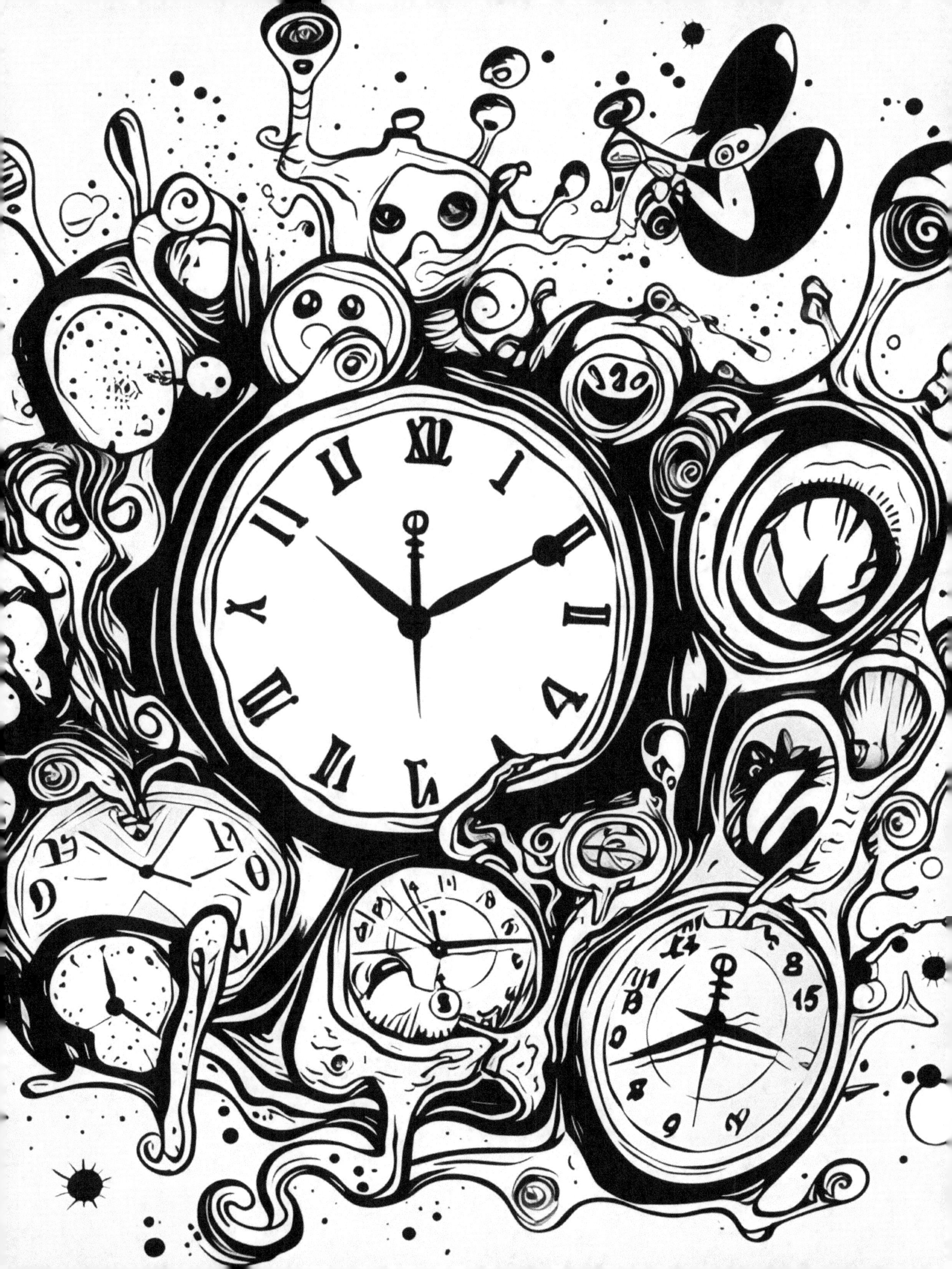

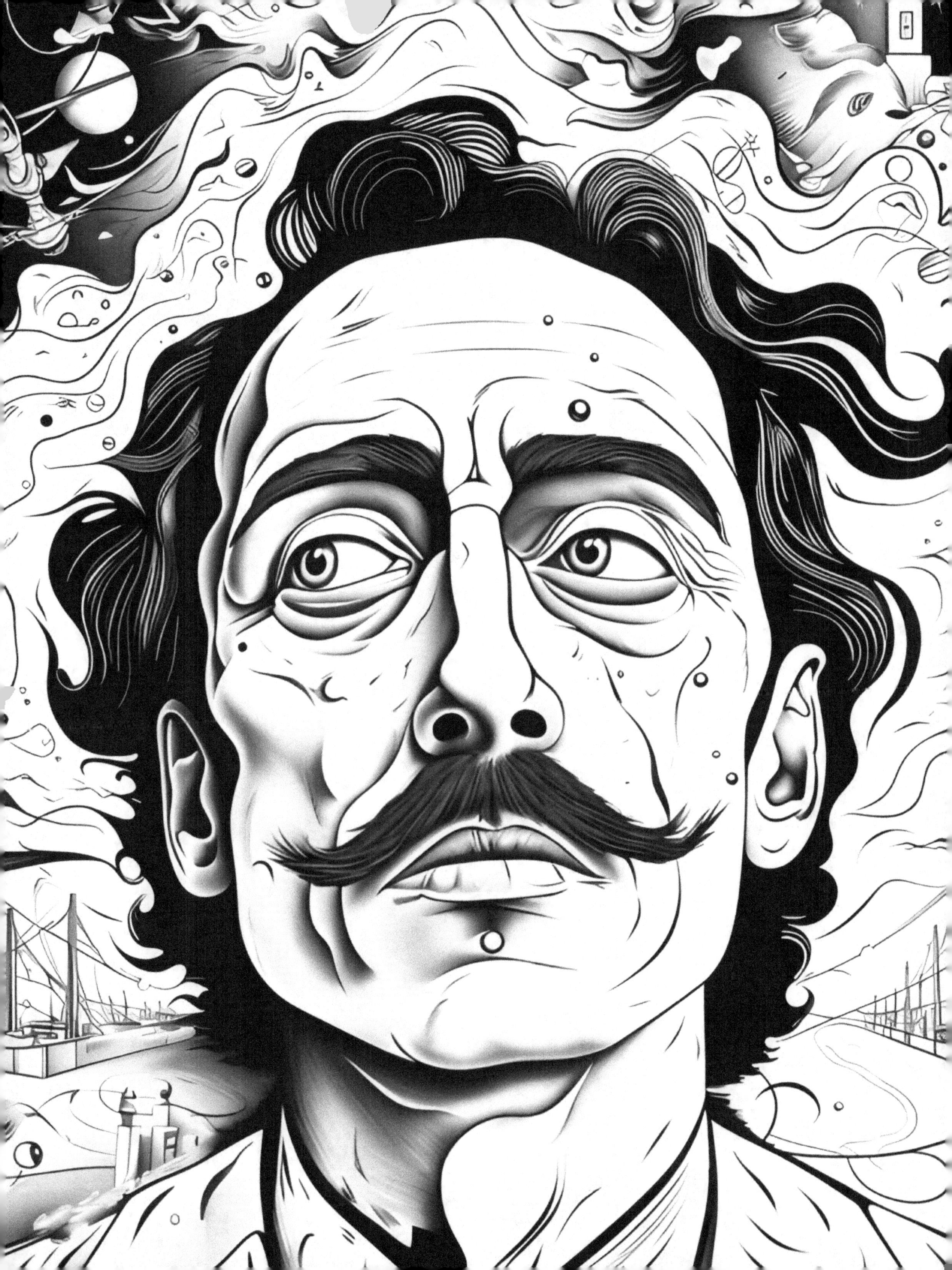

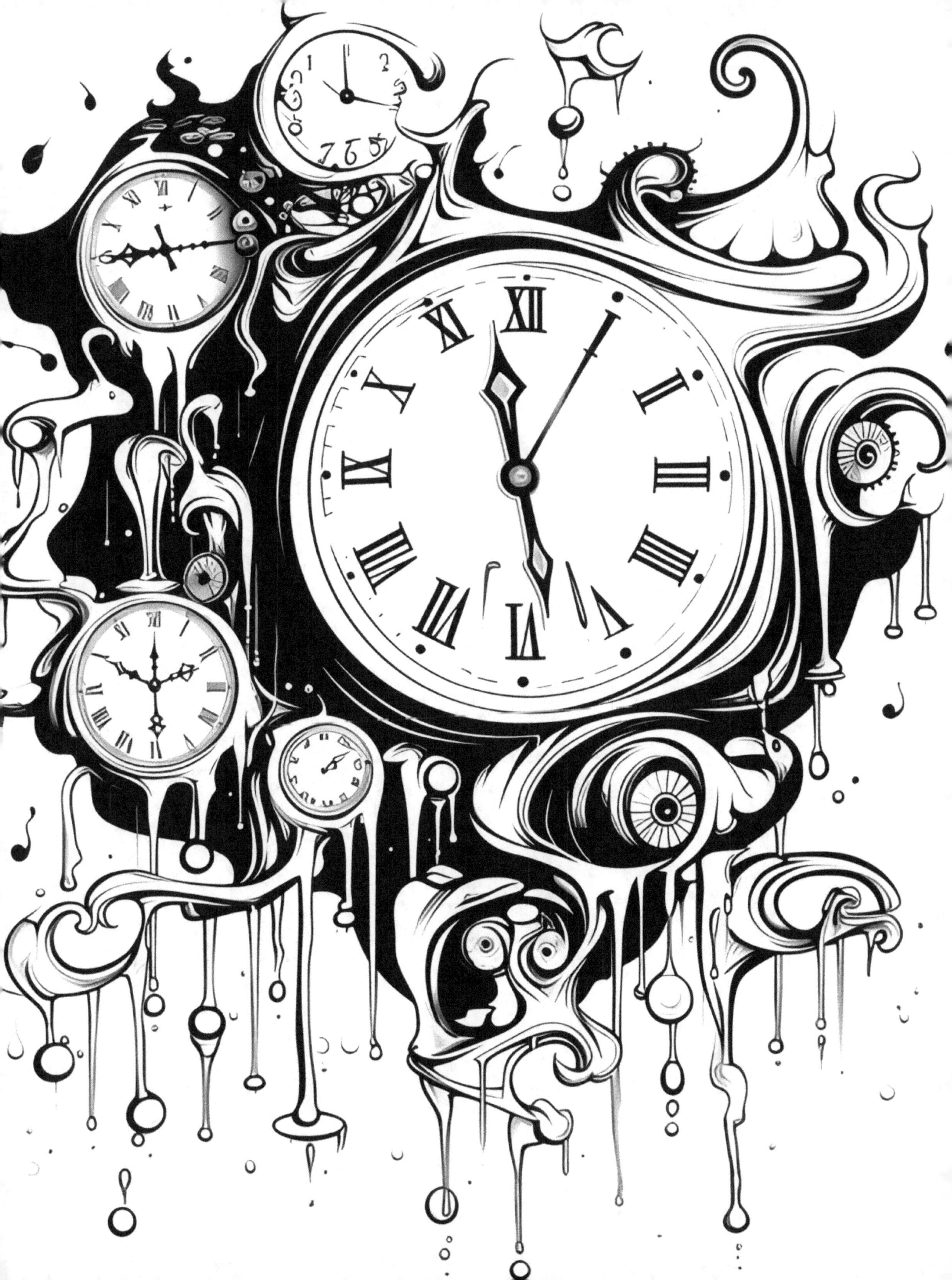

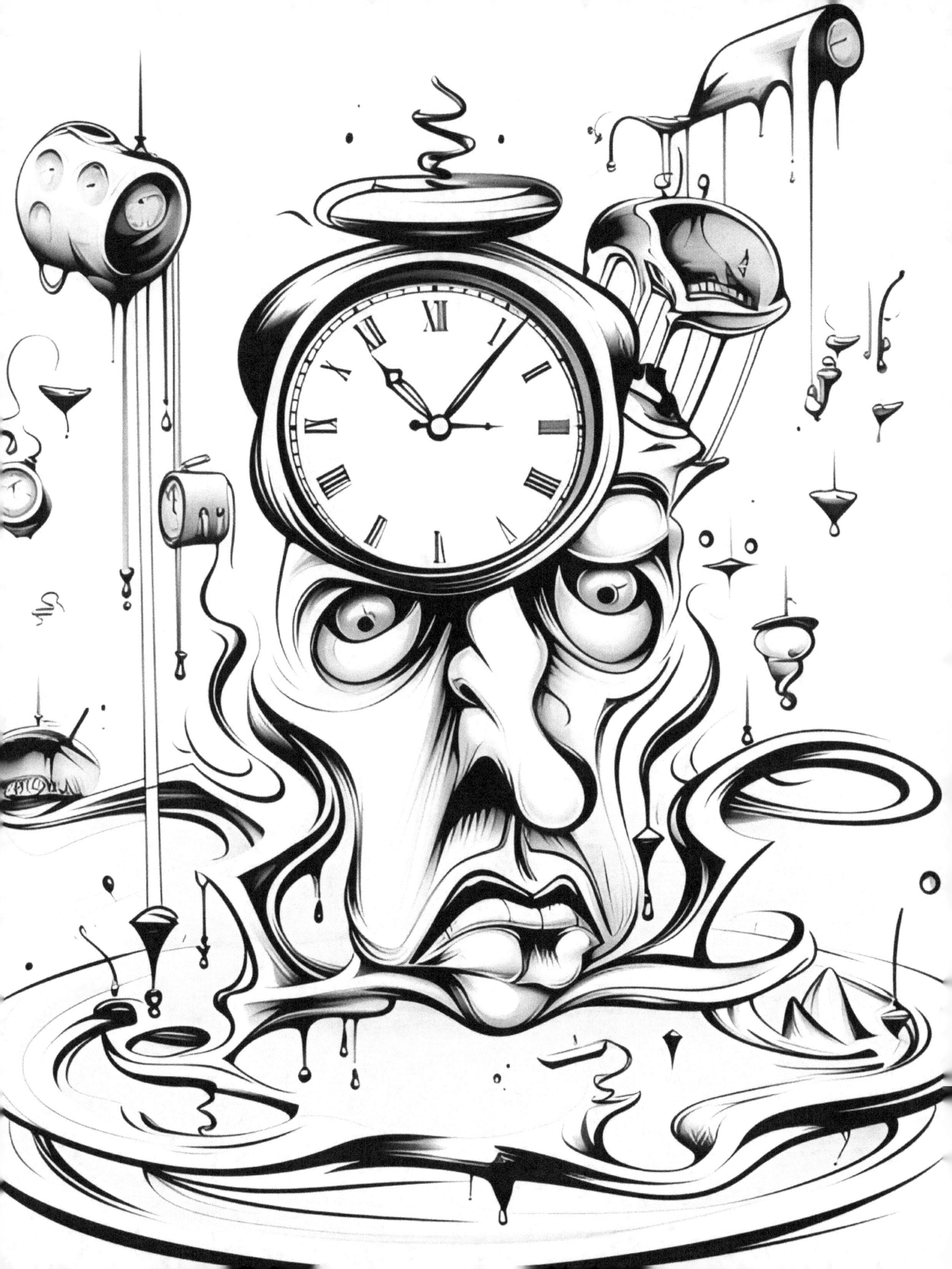

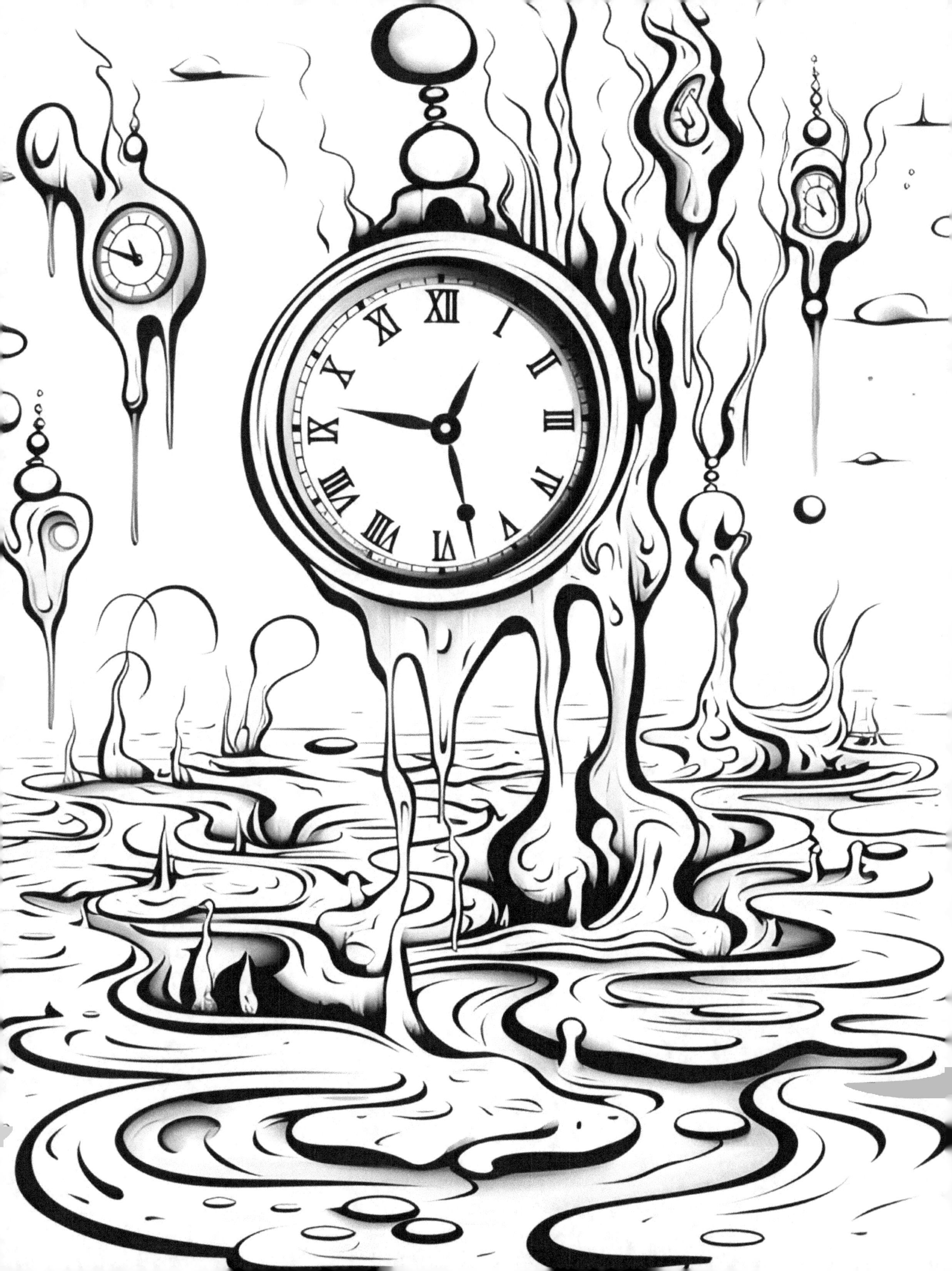

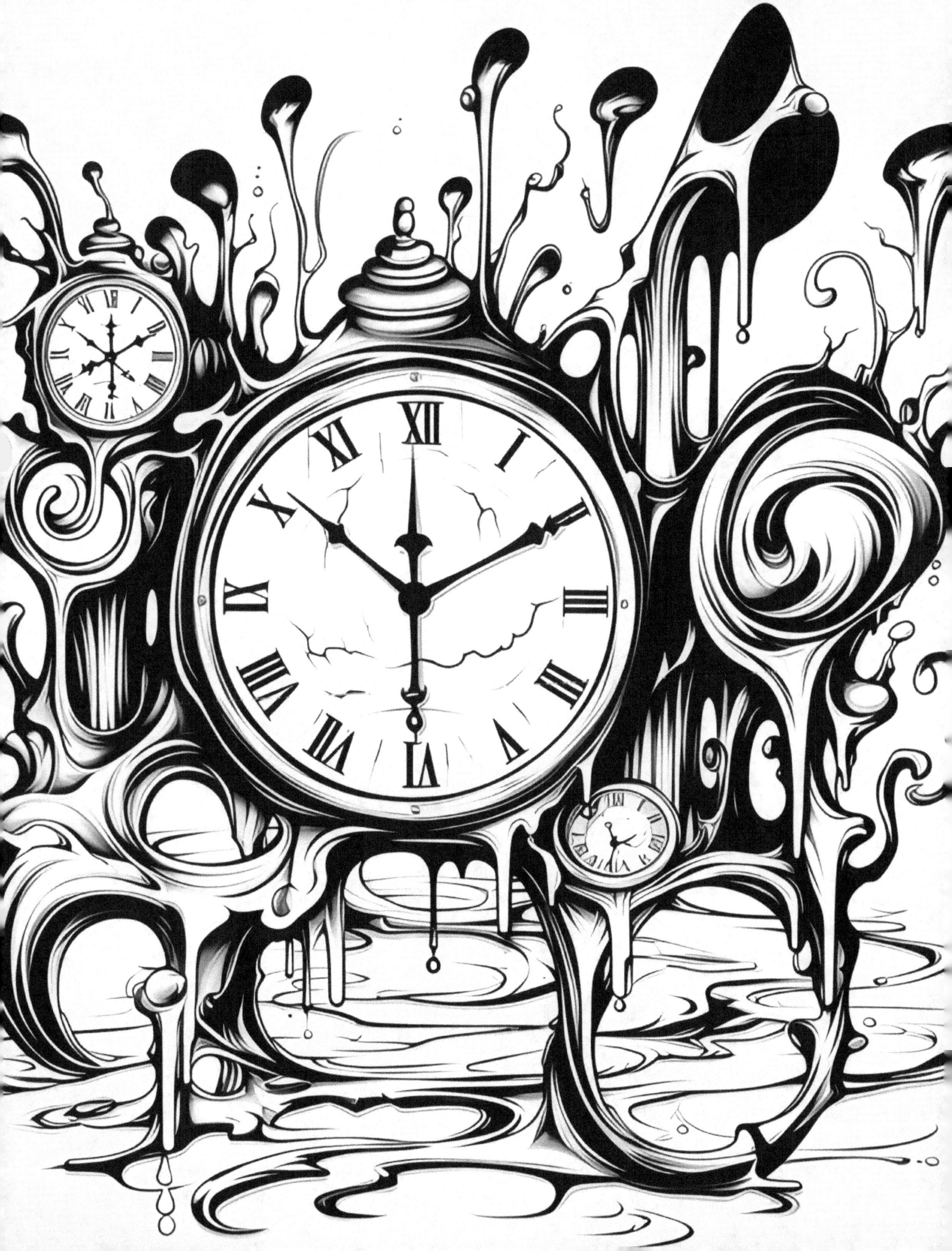

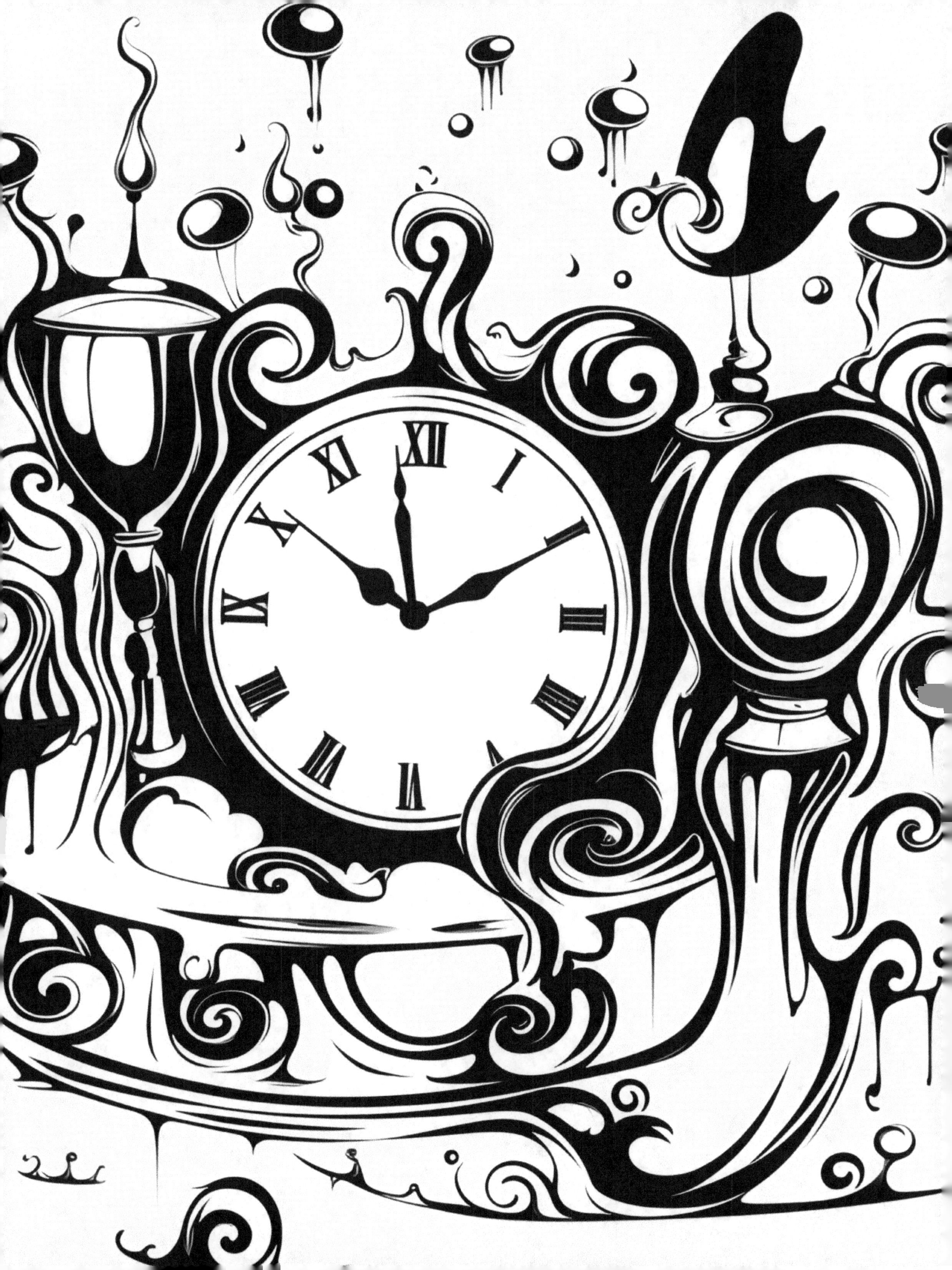

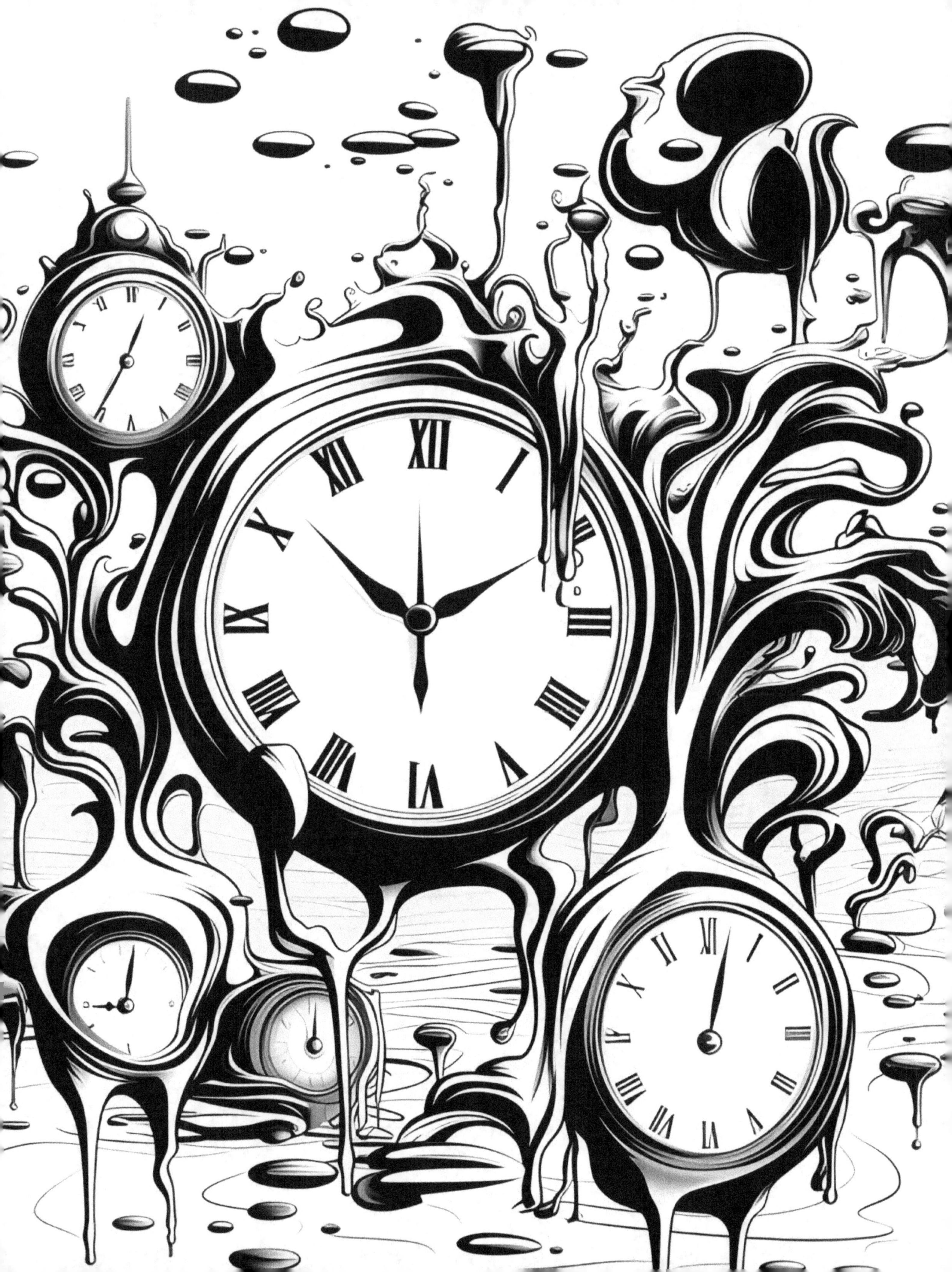

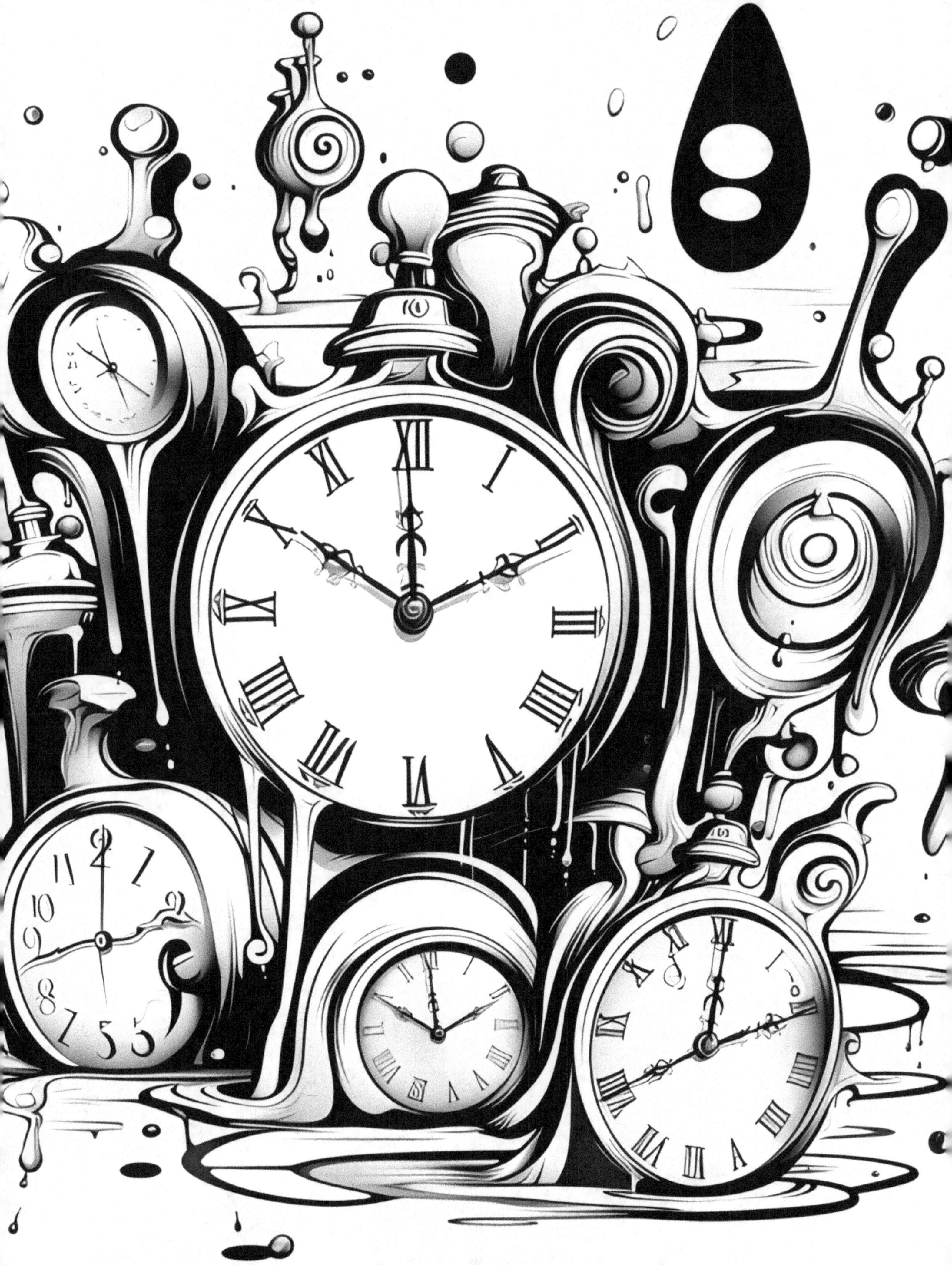

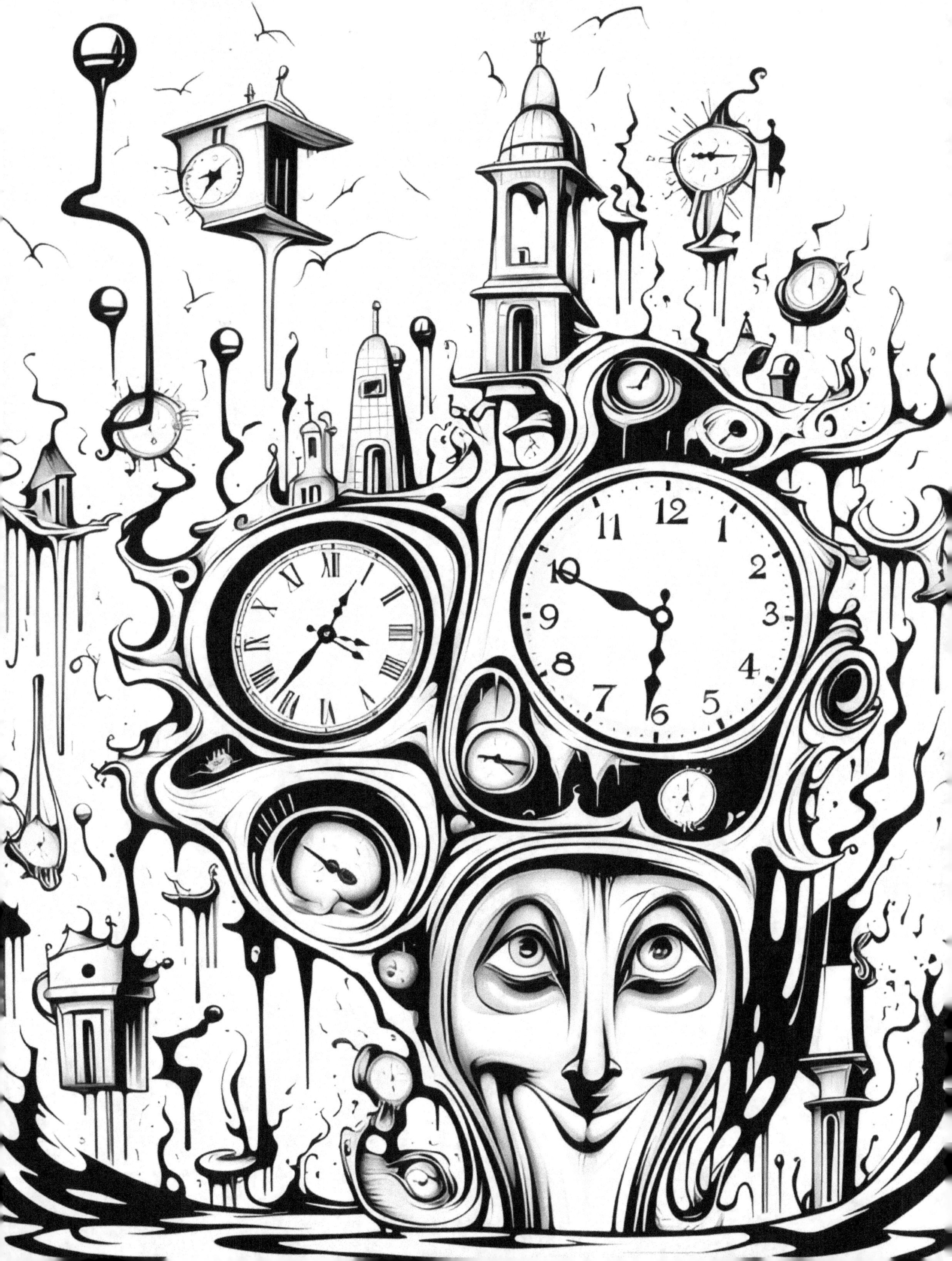

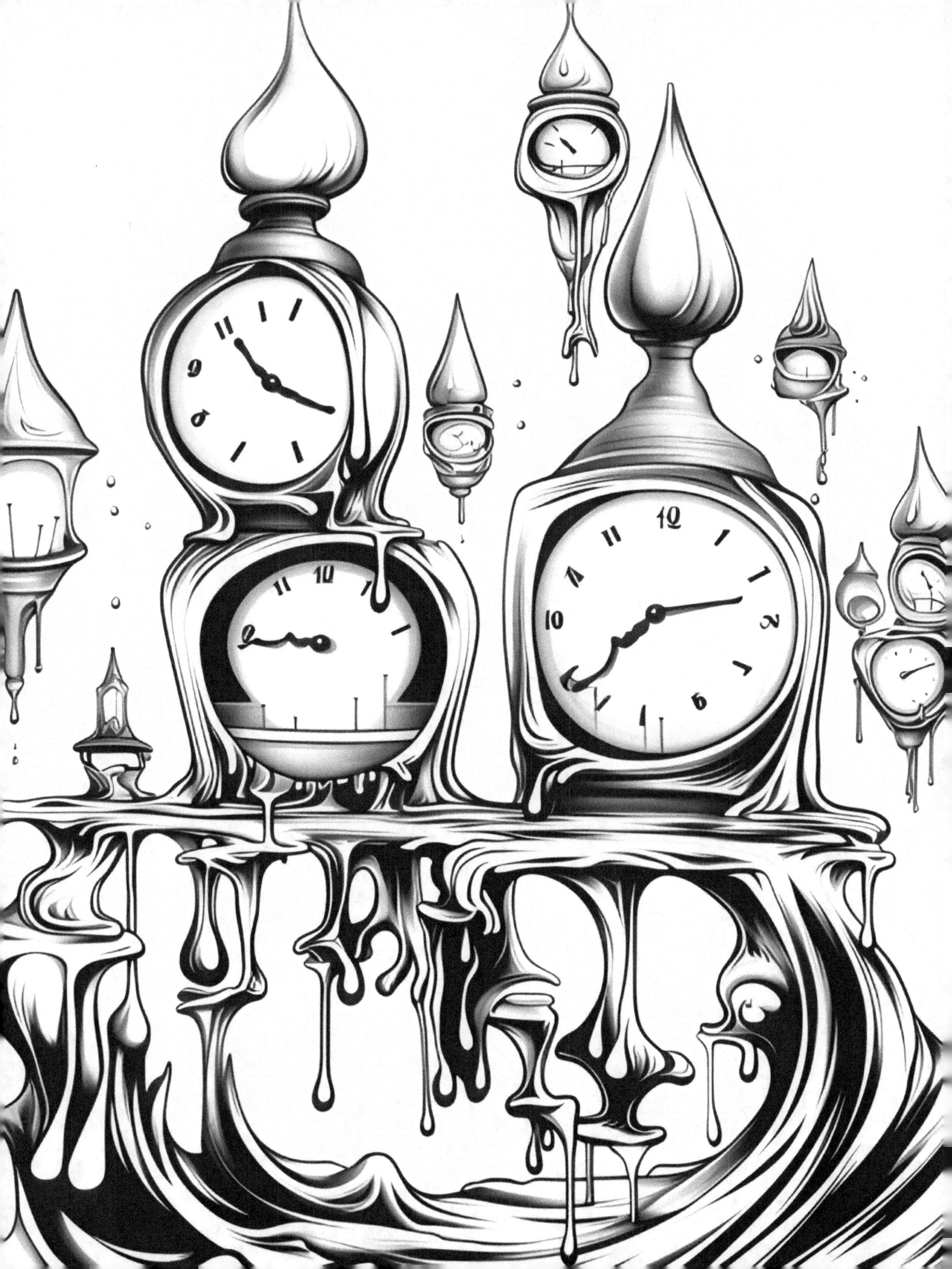

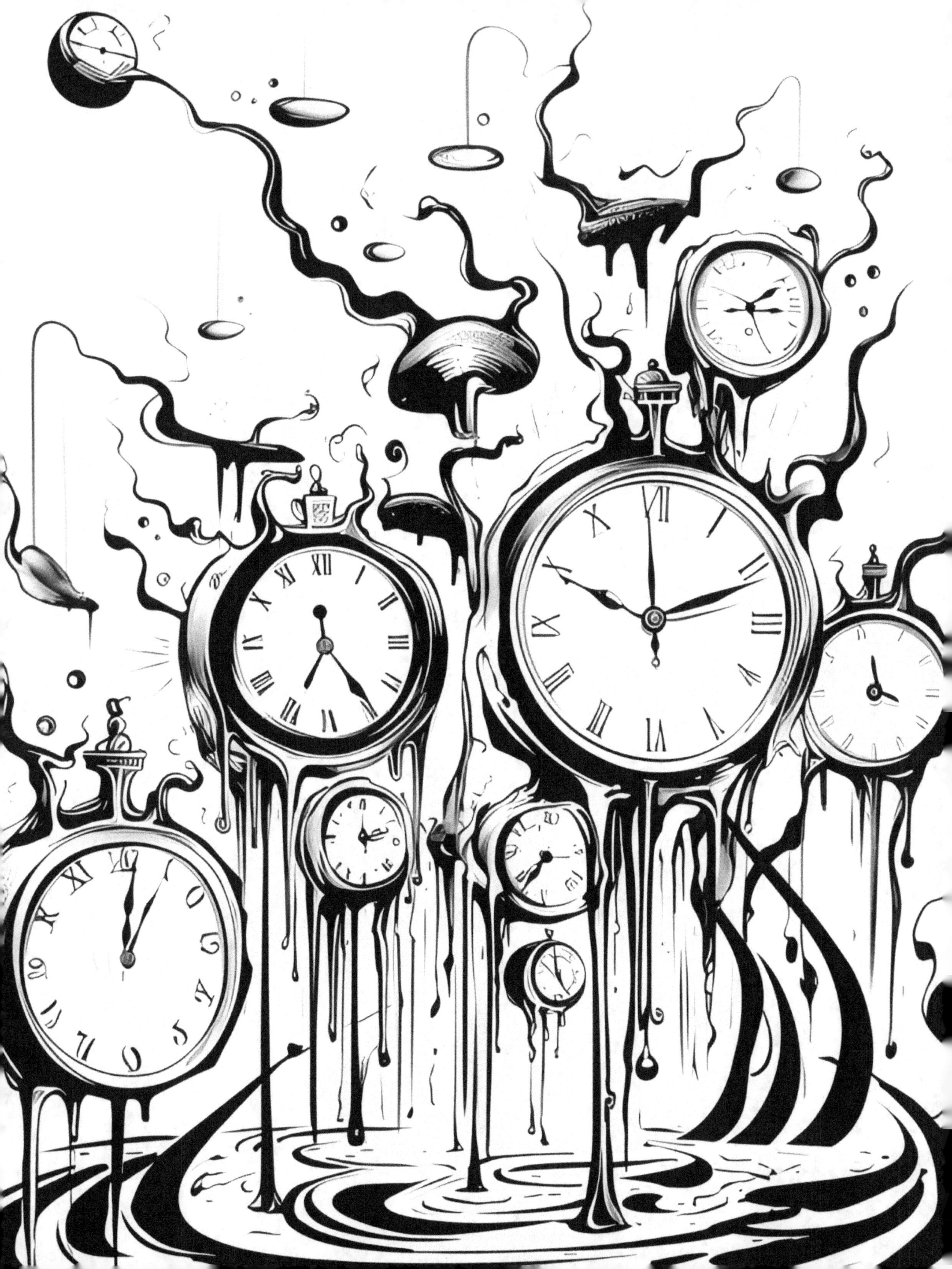

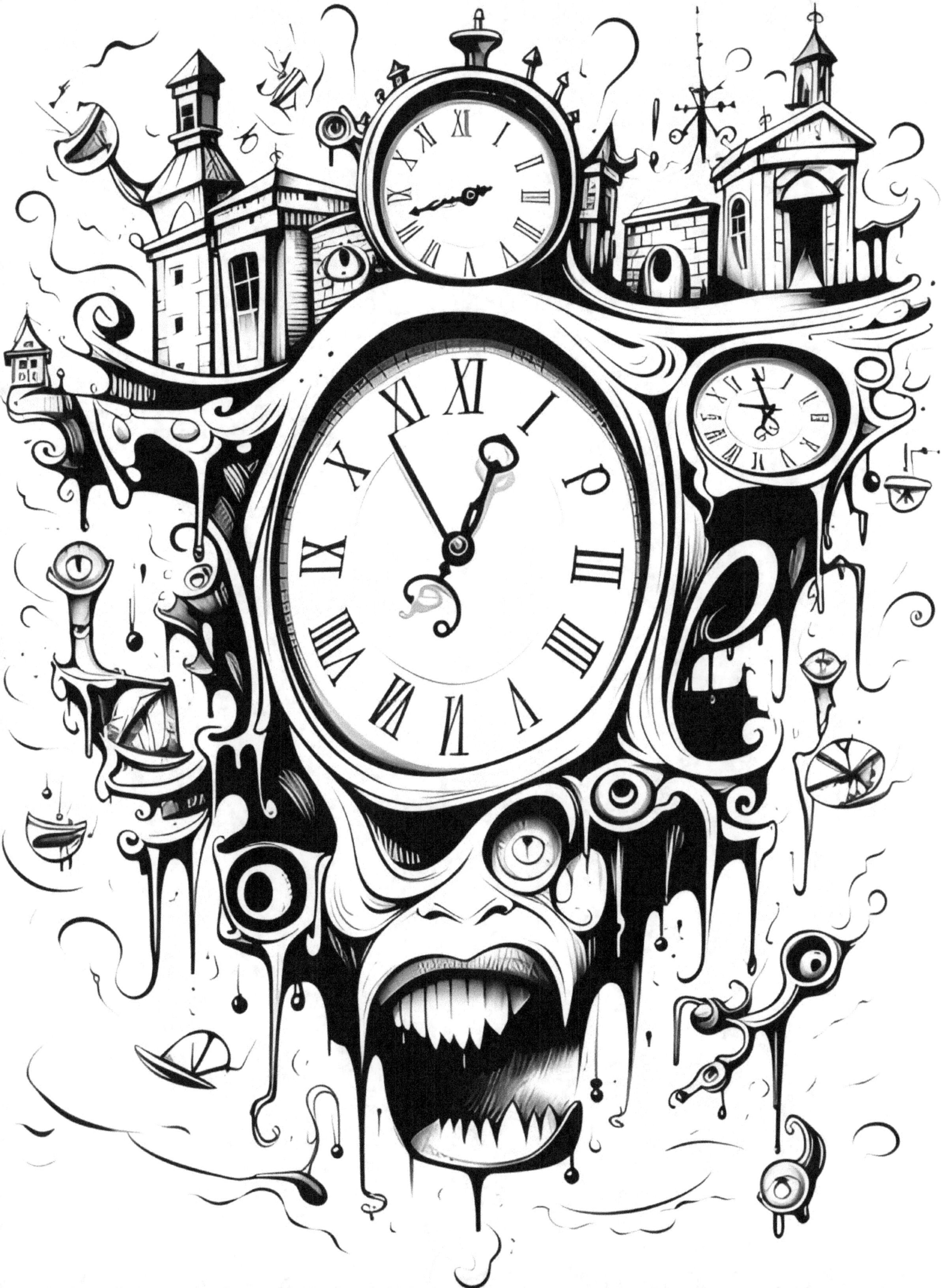

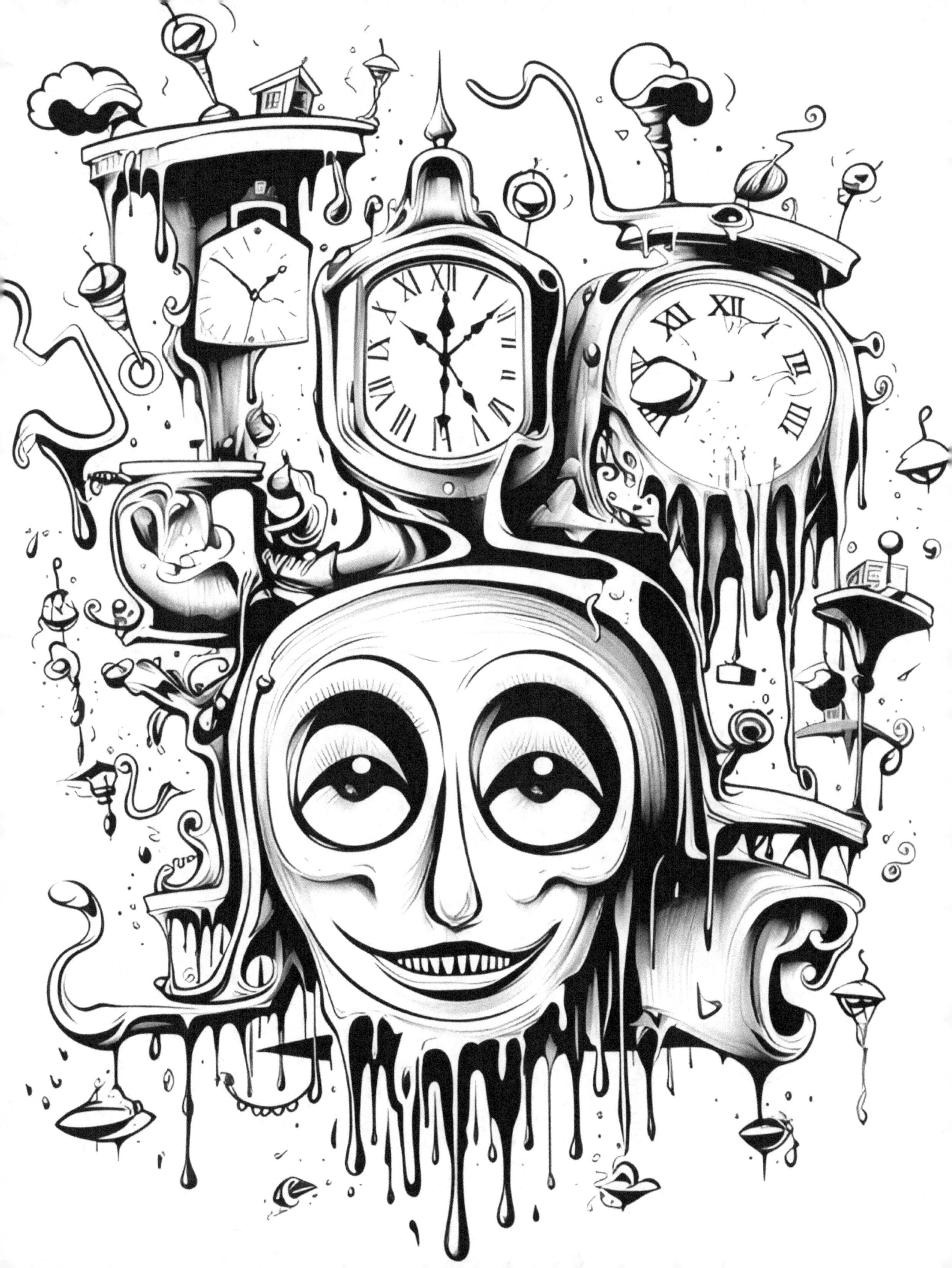

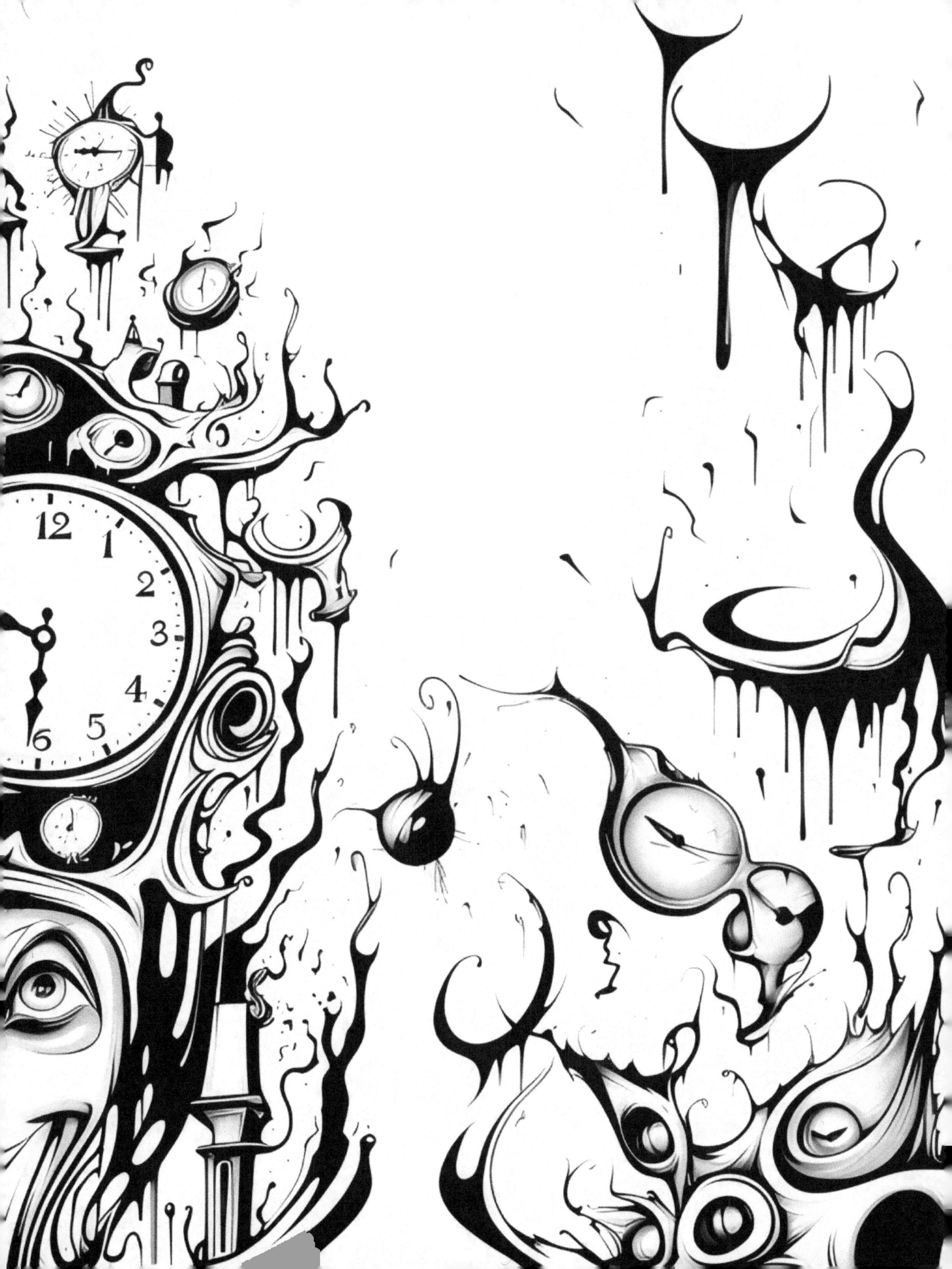
12
1
2
3
4
5
6

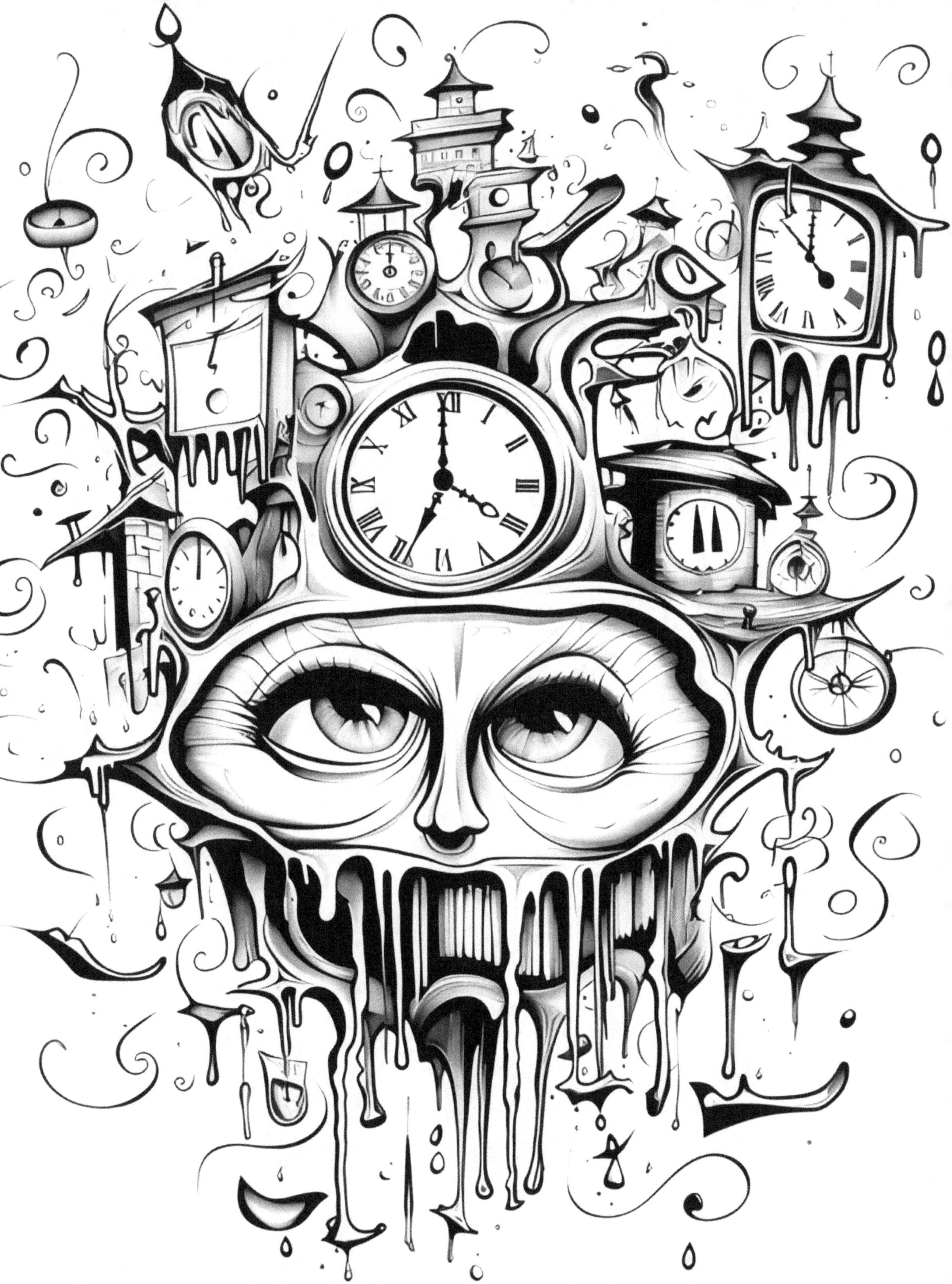

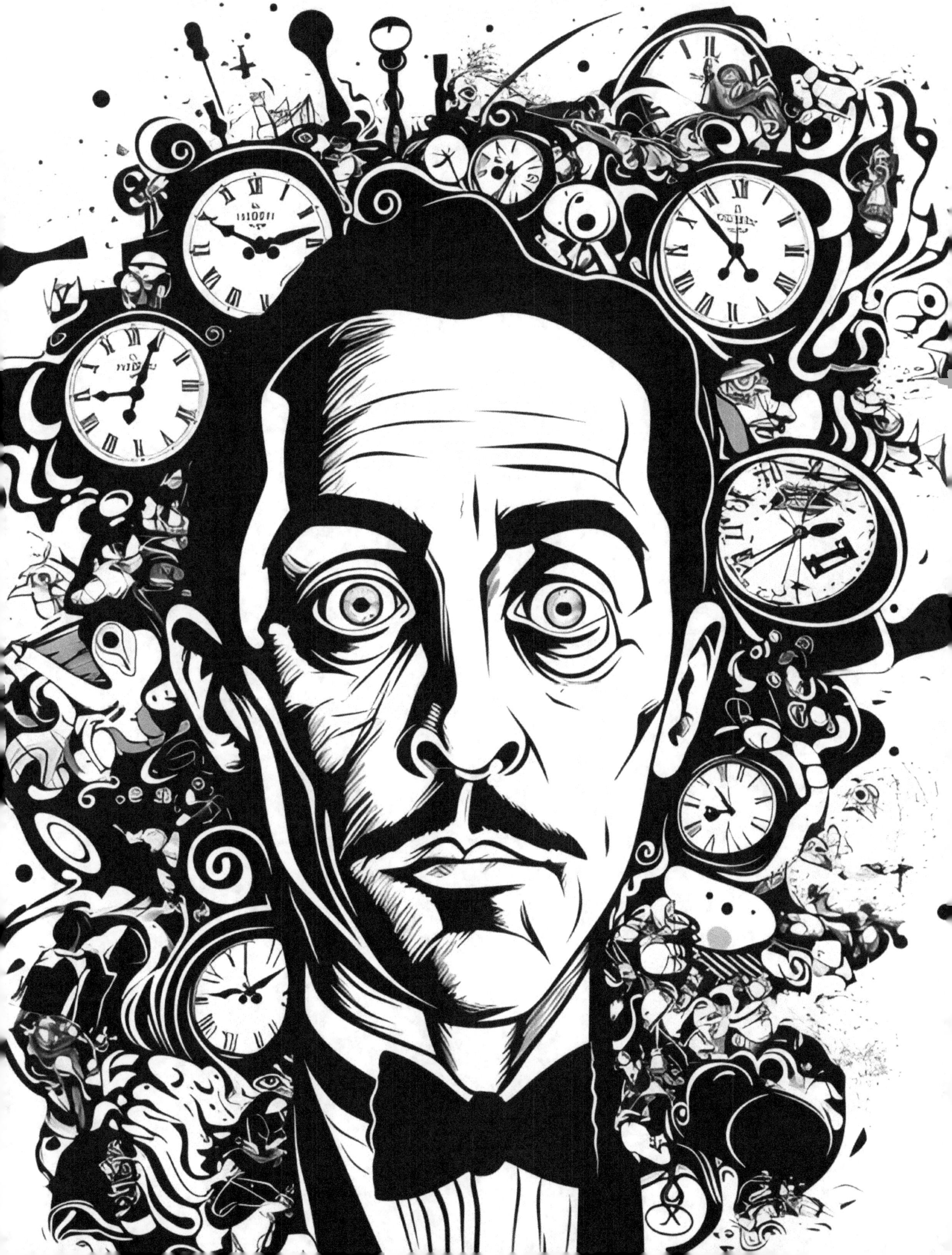

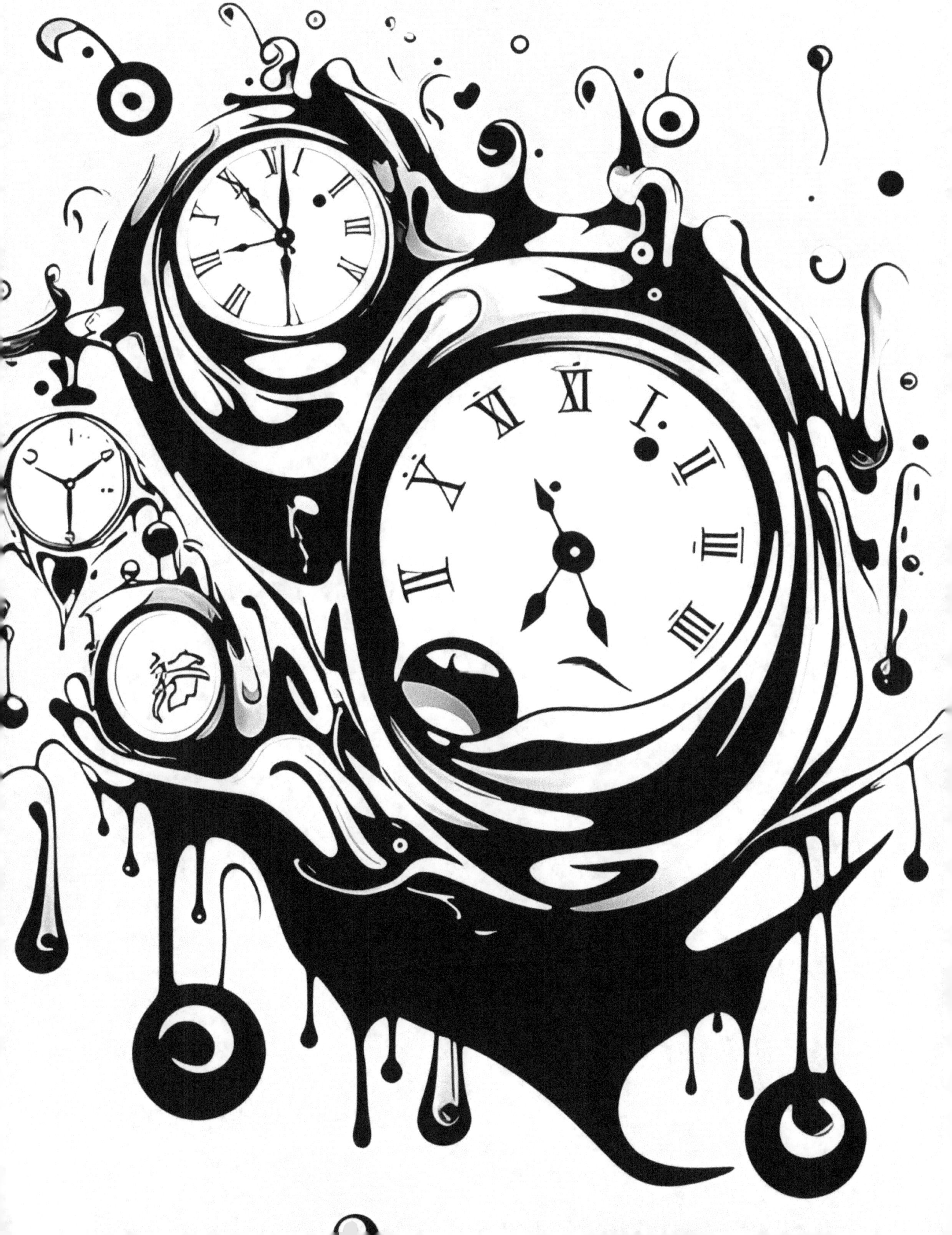

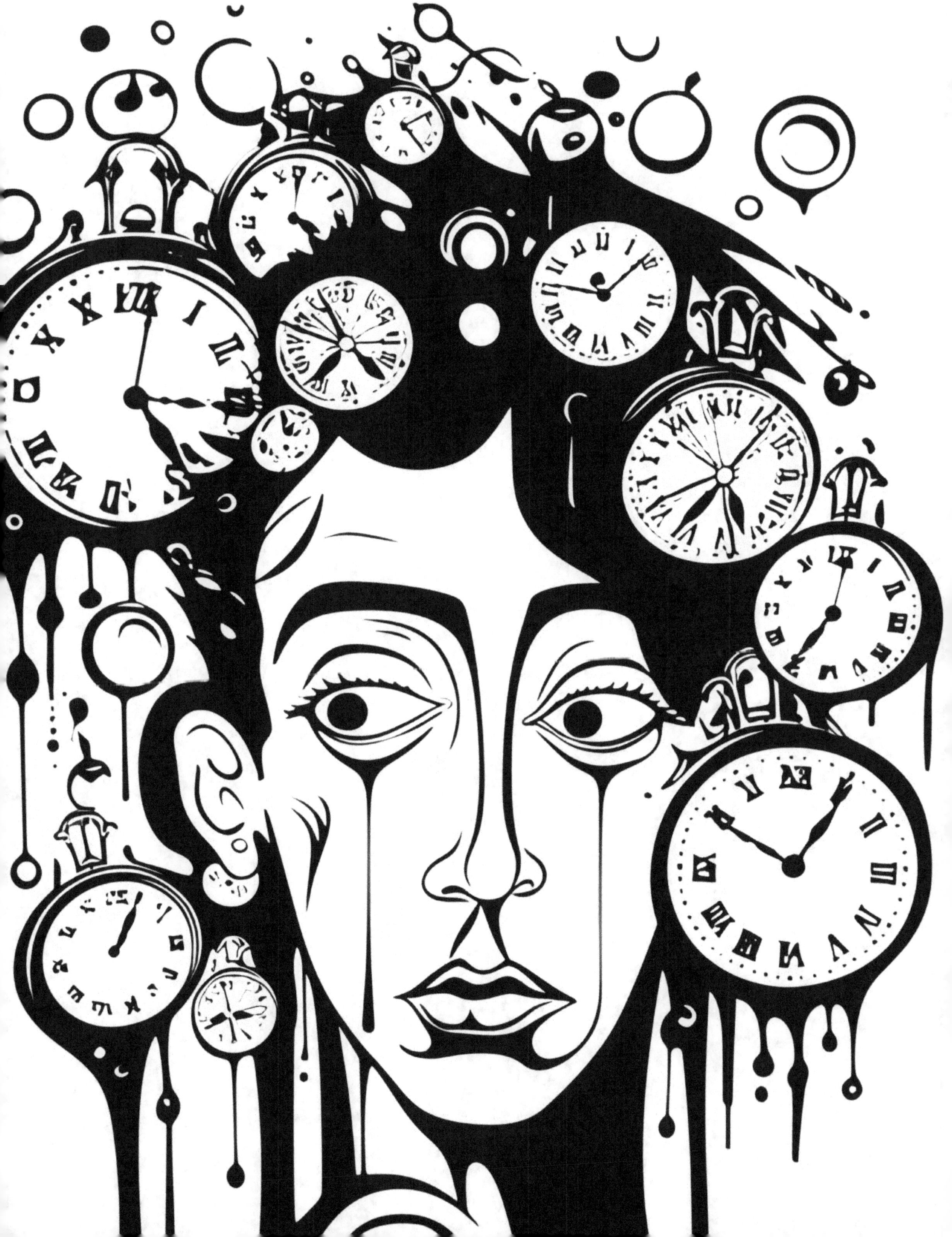

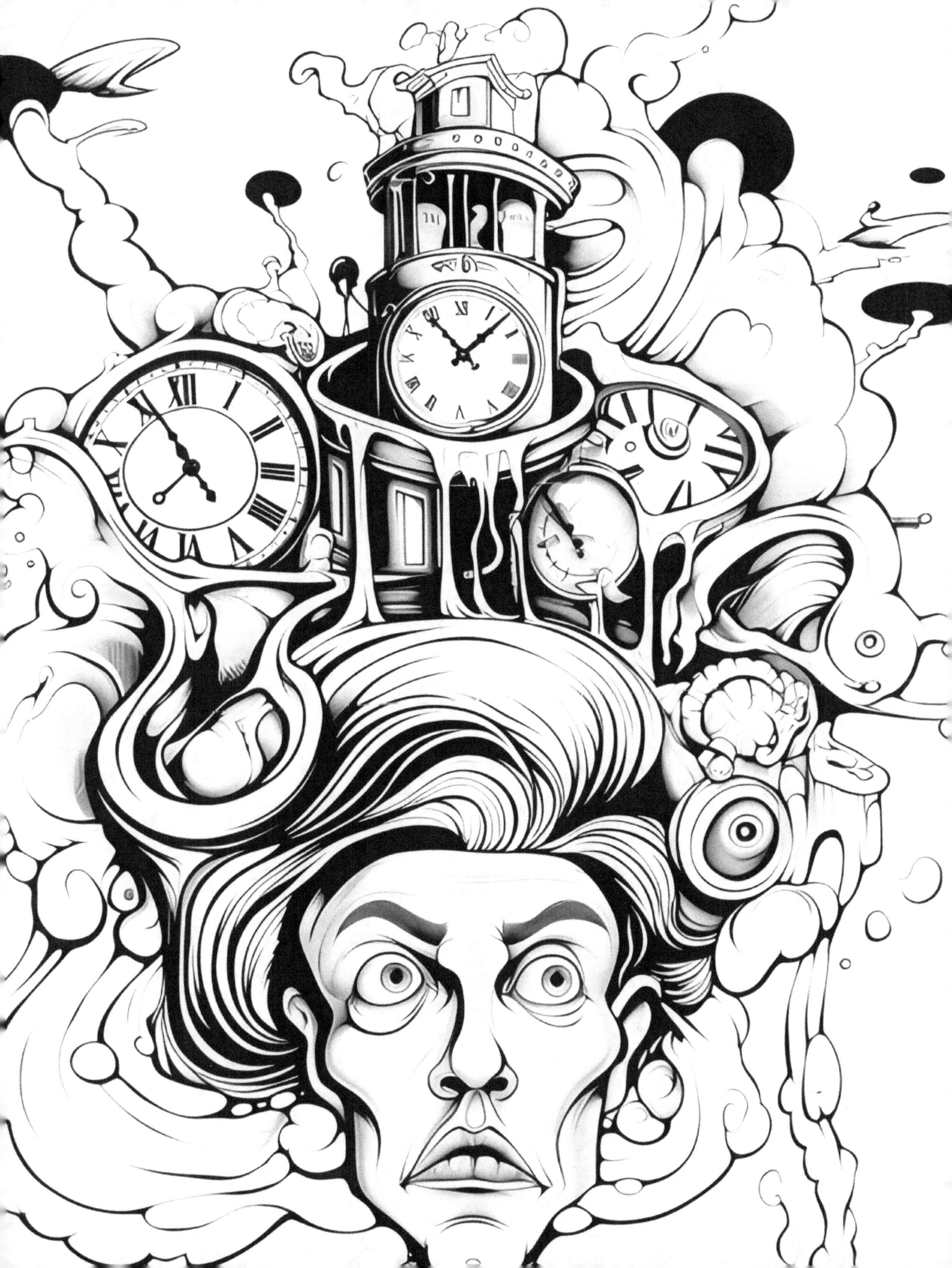

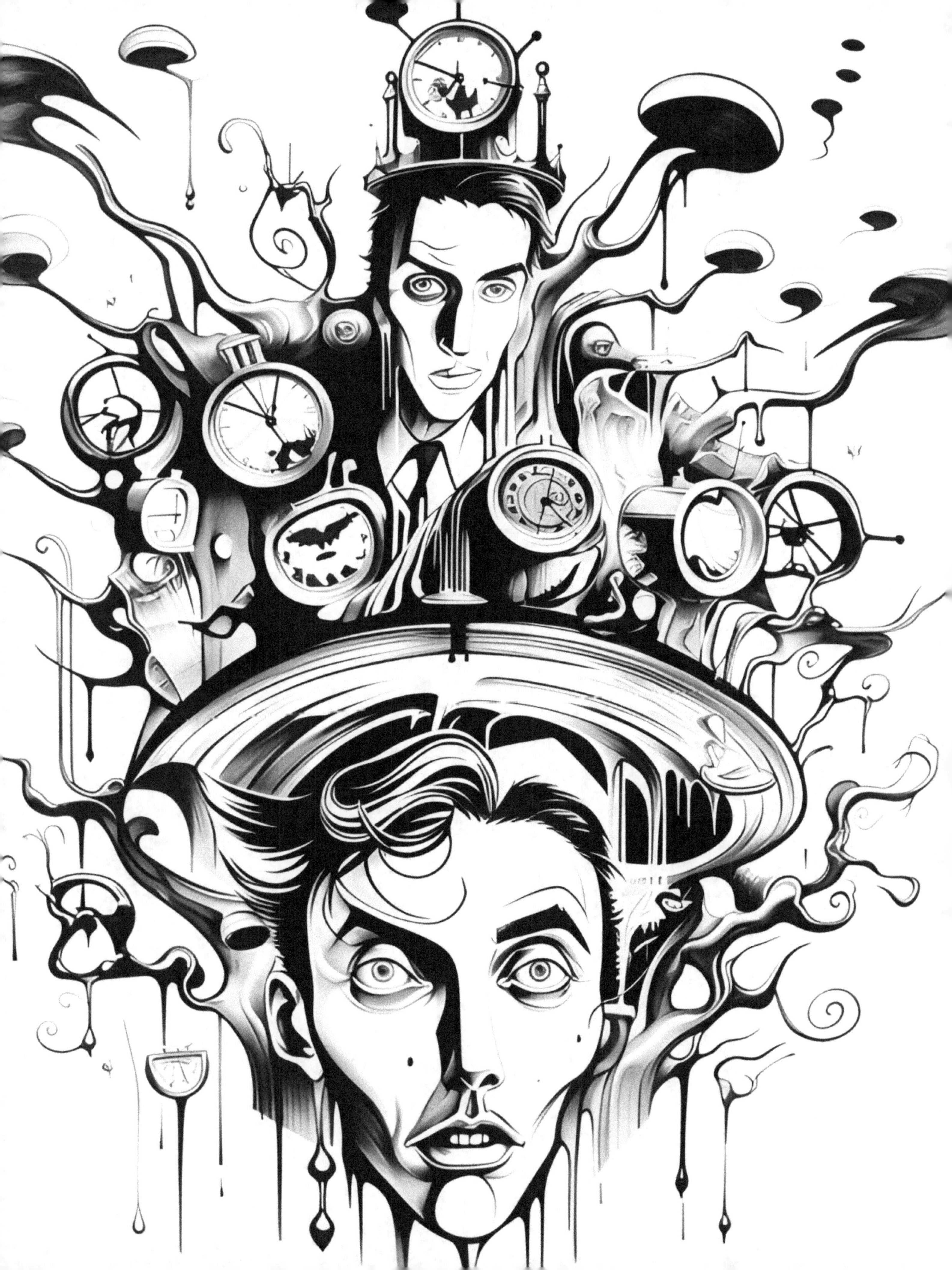

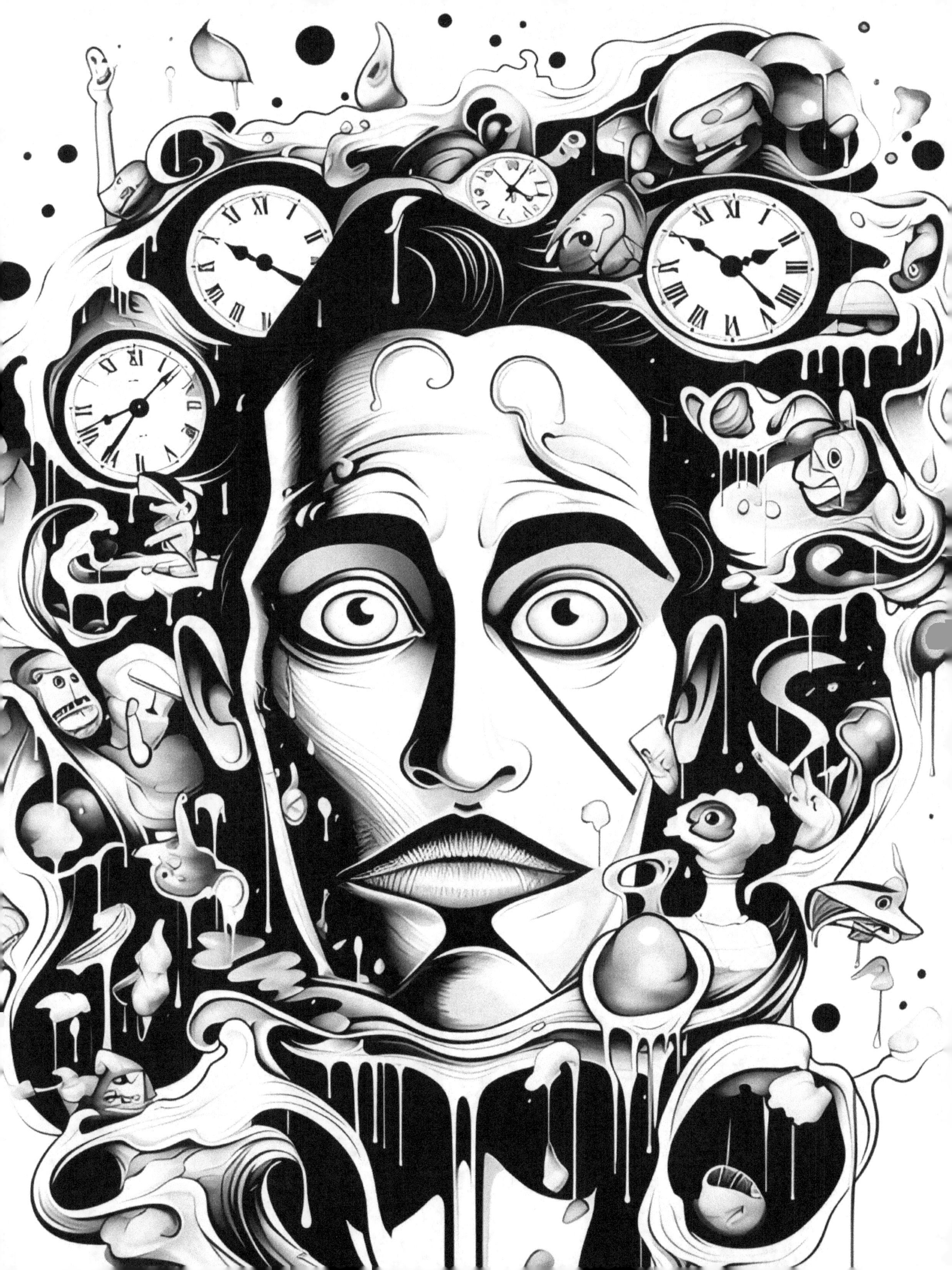

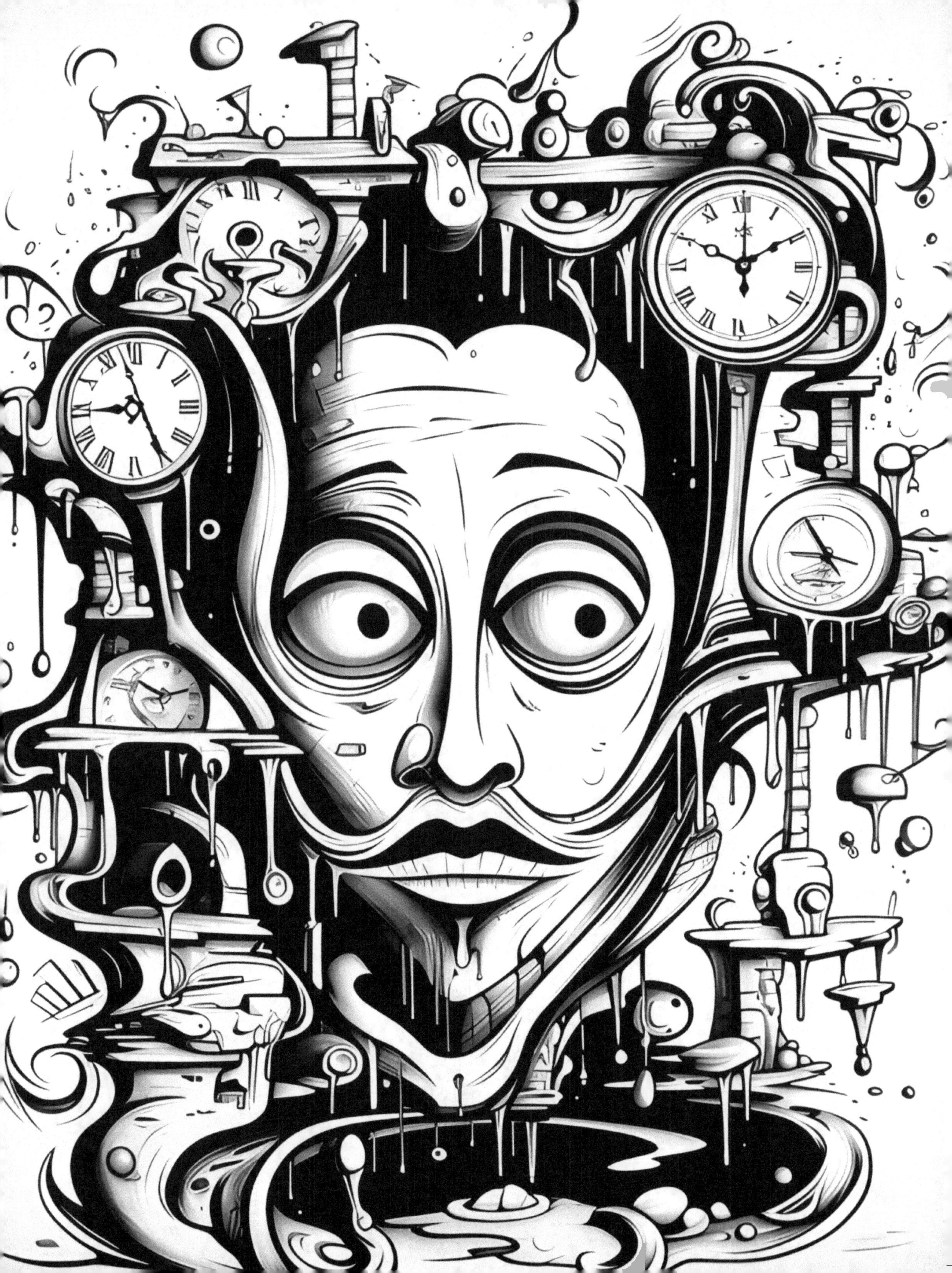

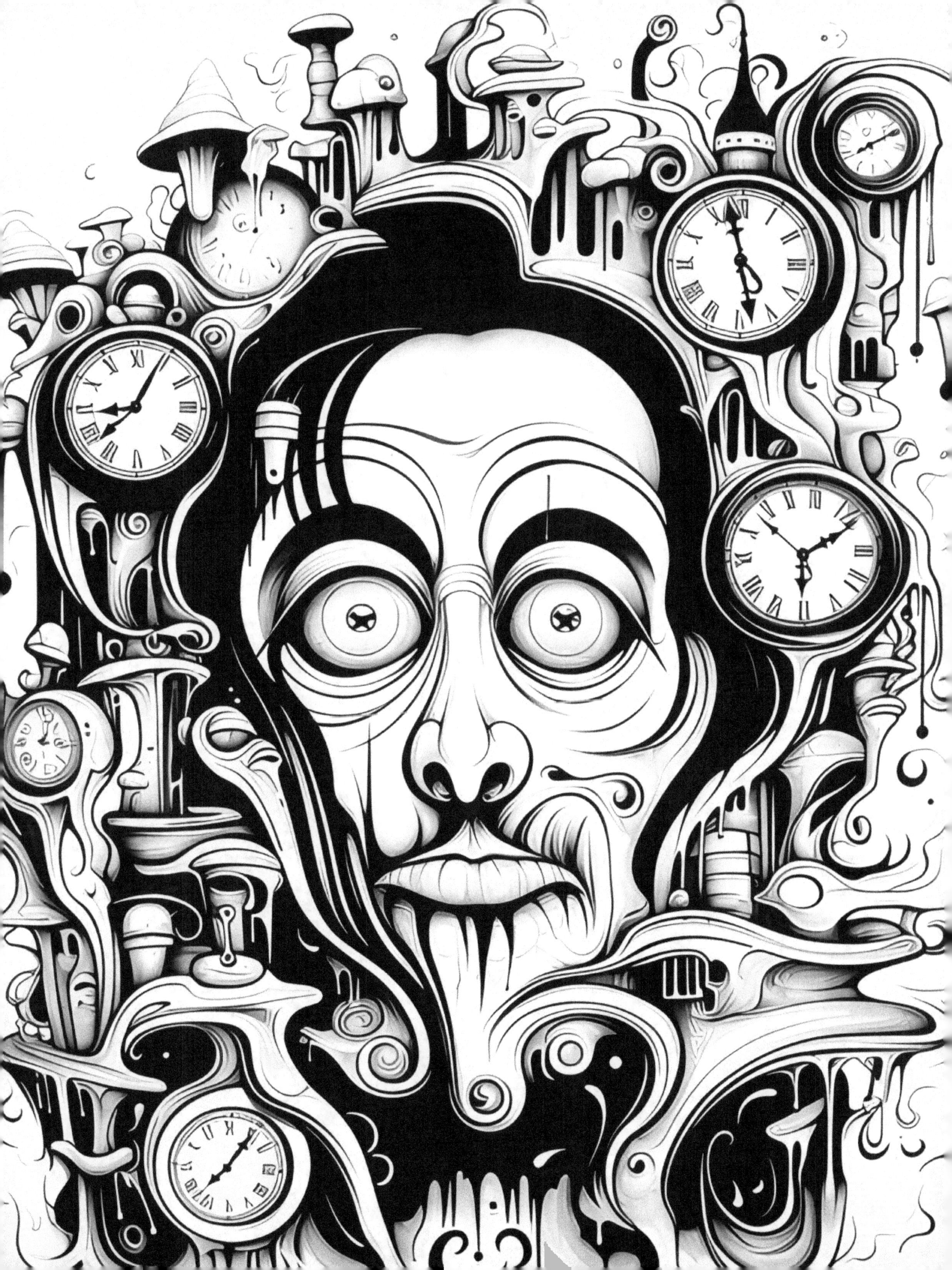

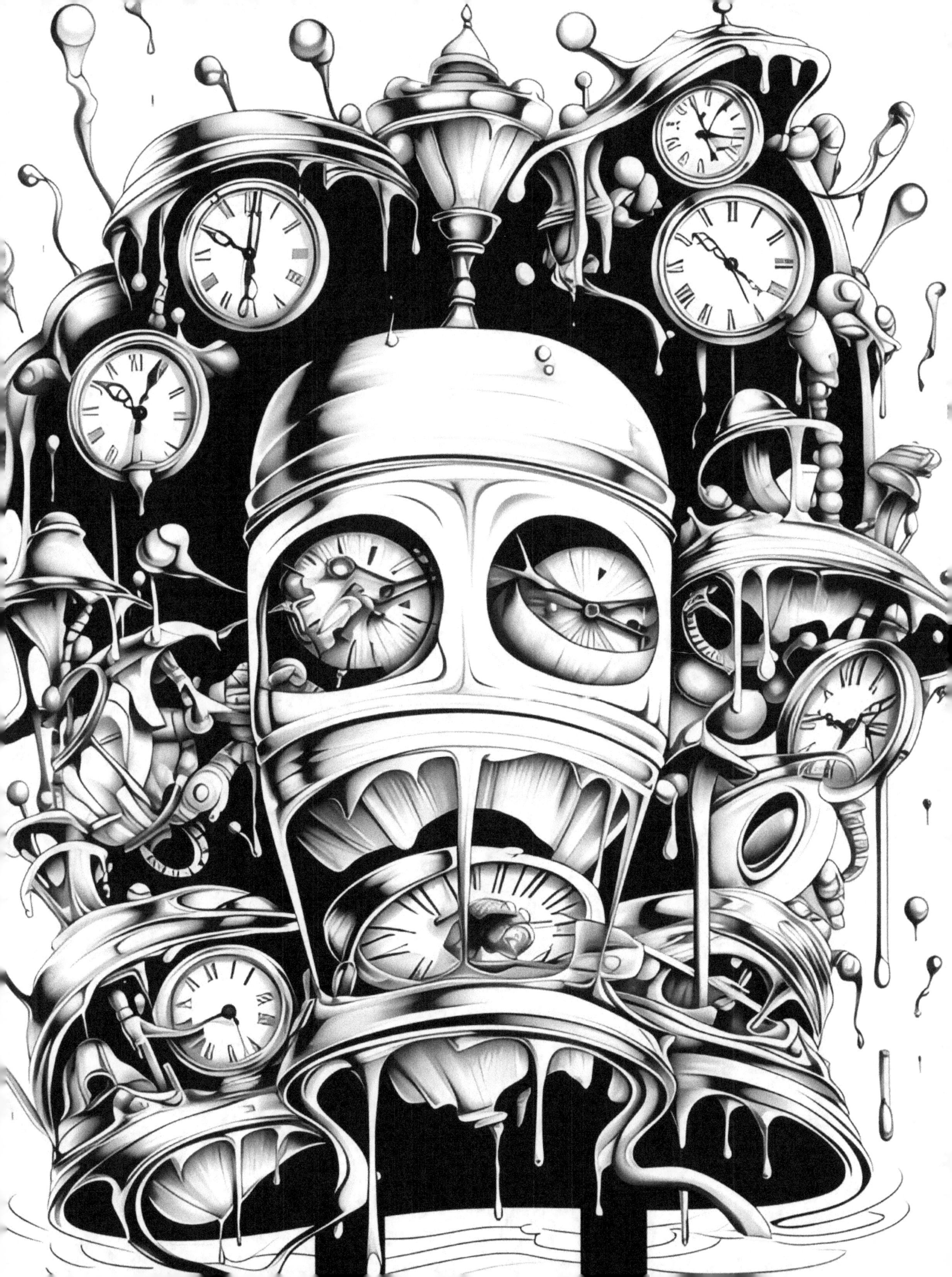

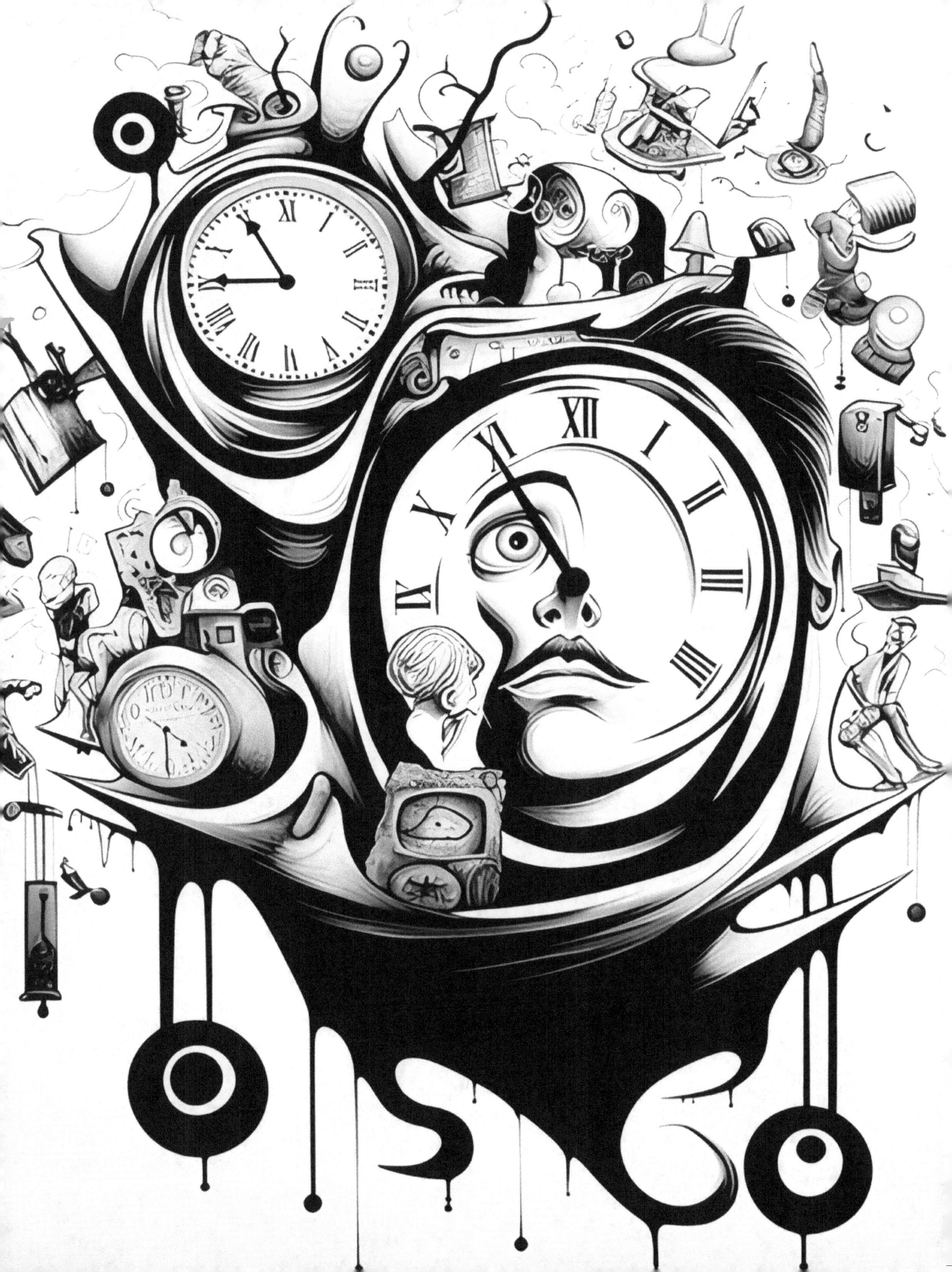

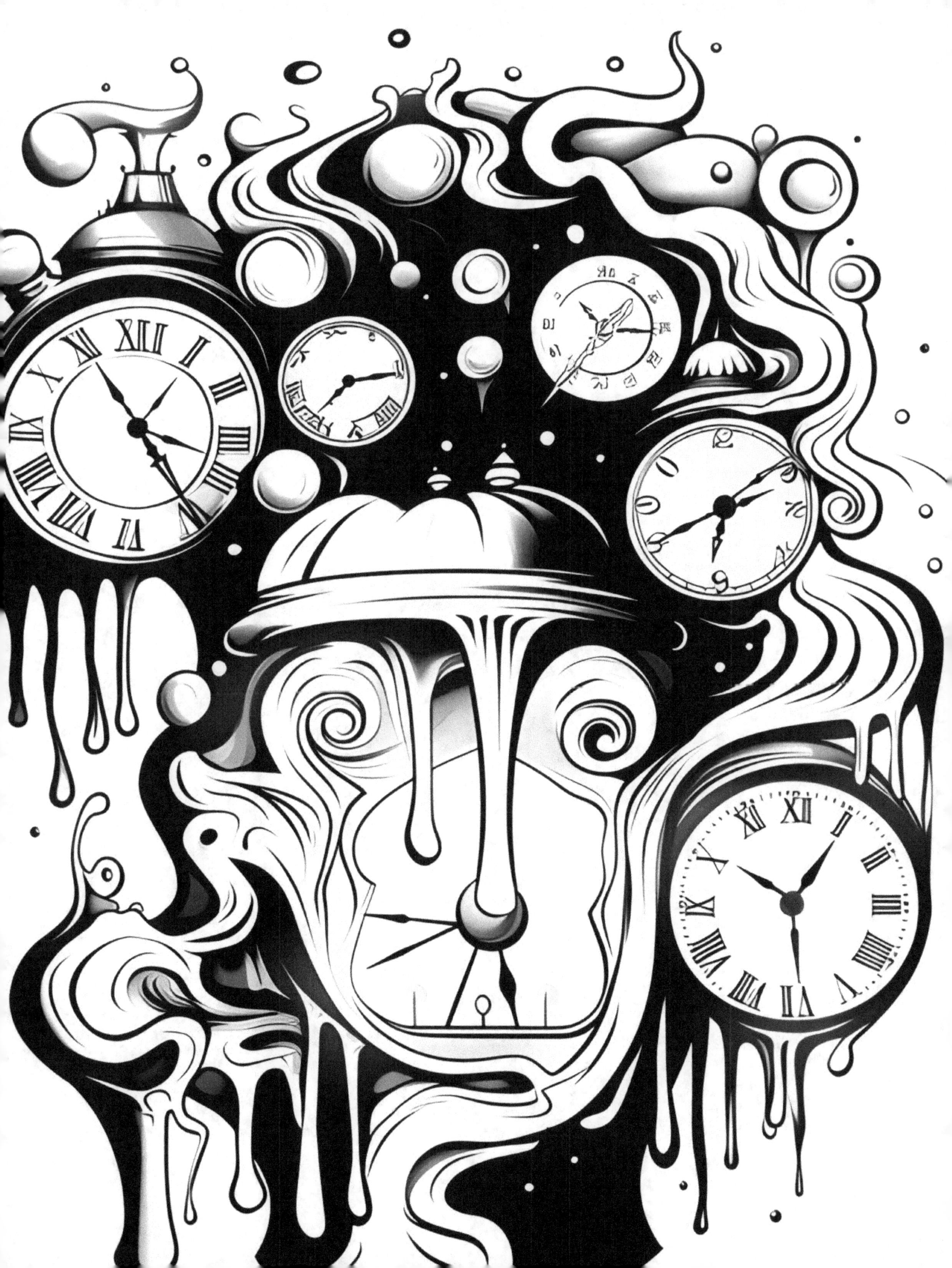

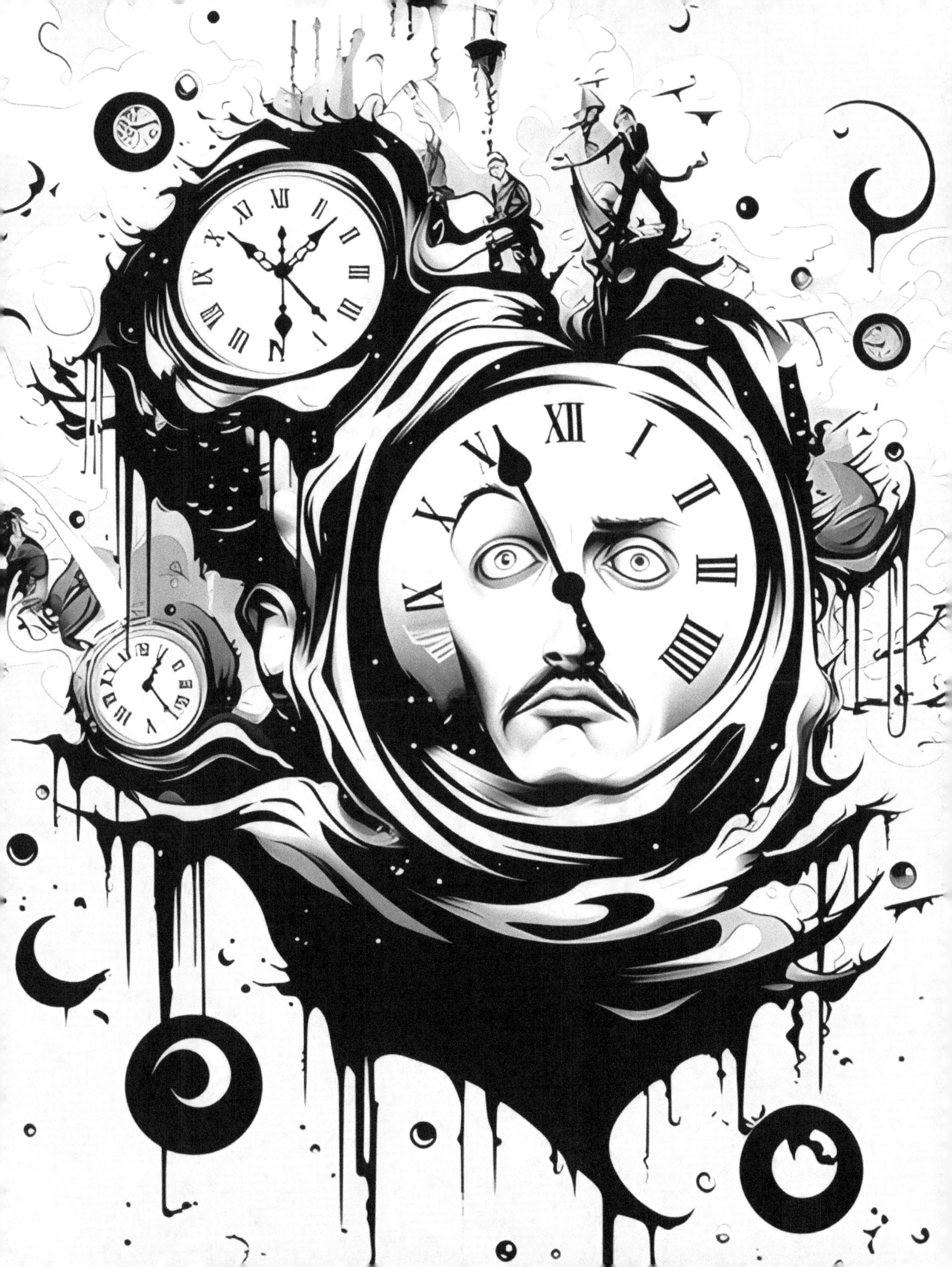

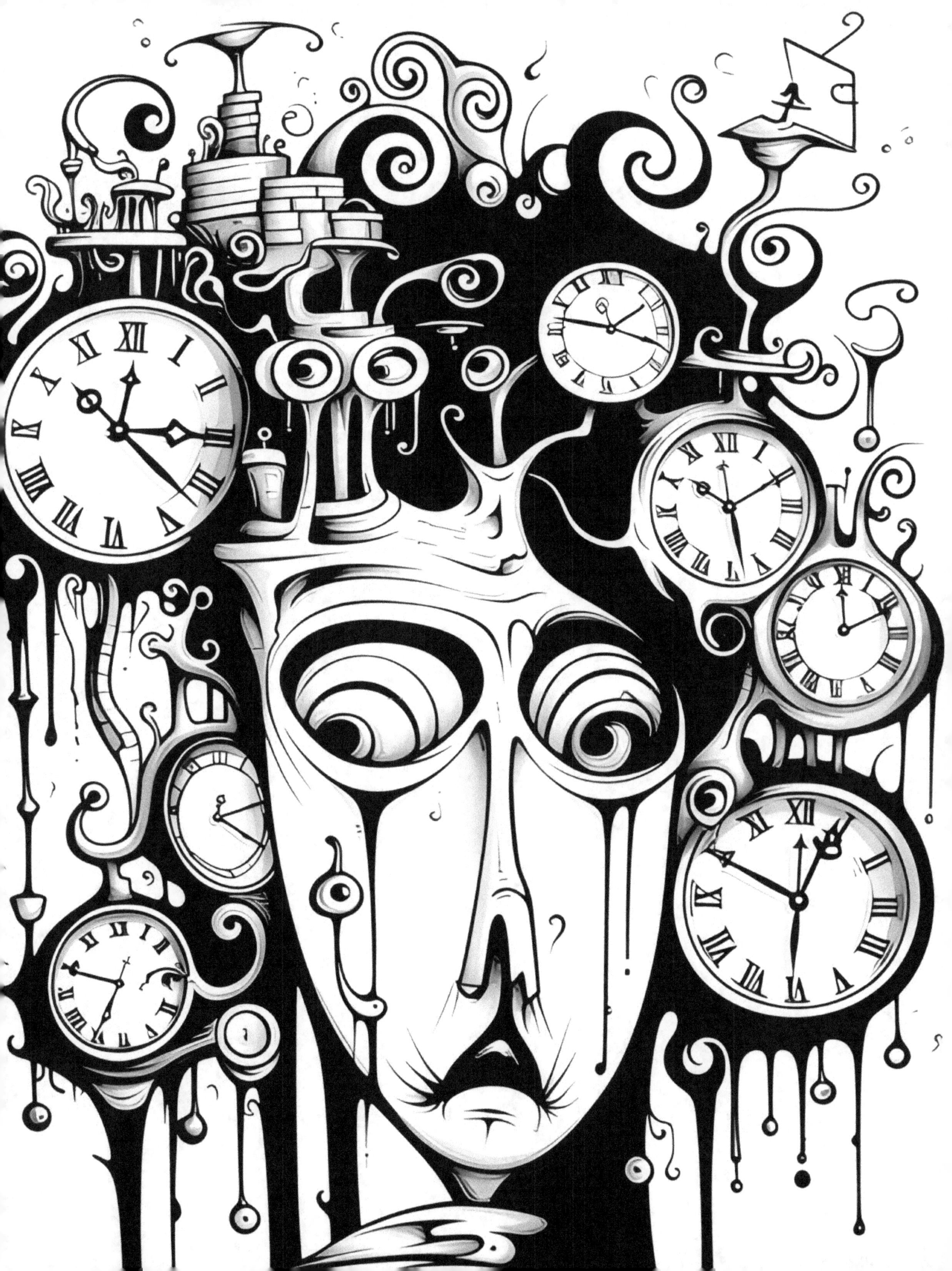

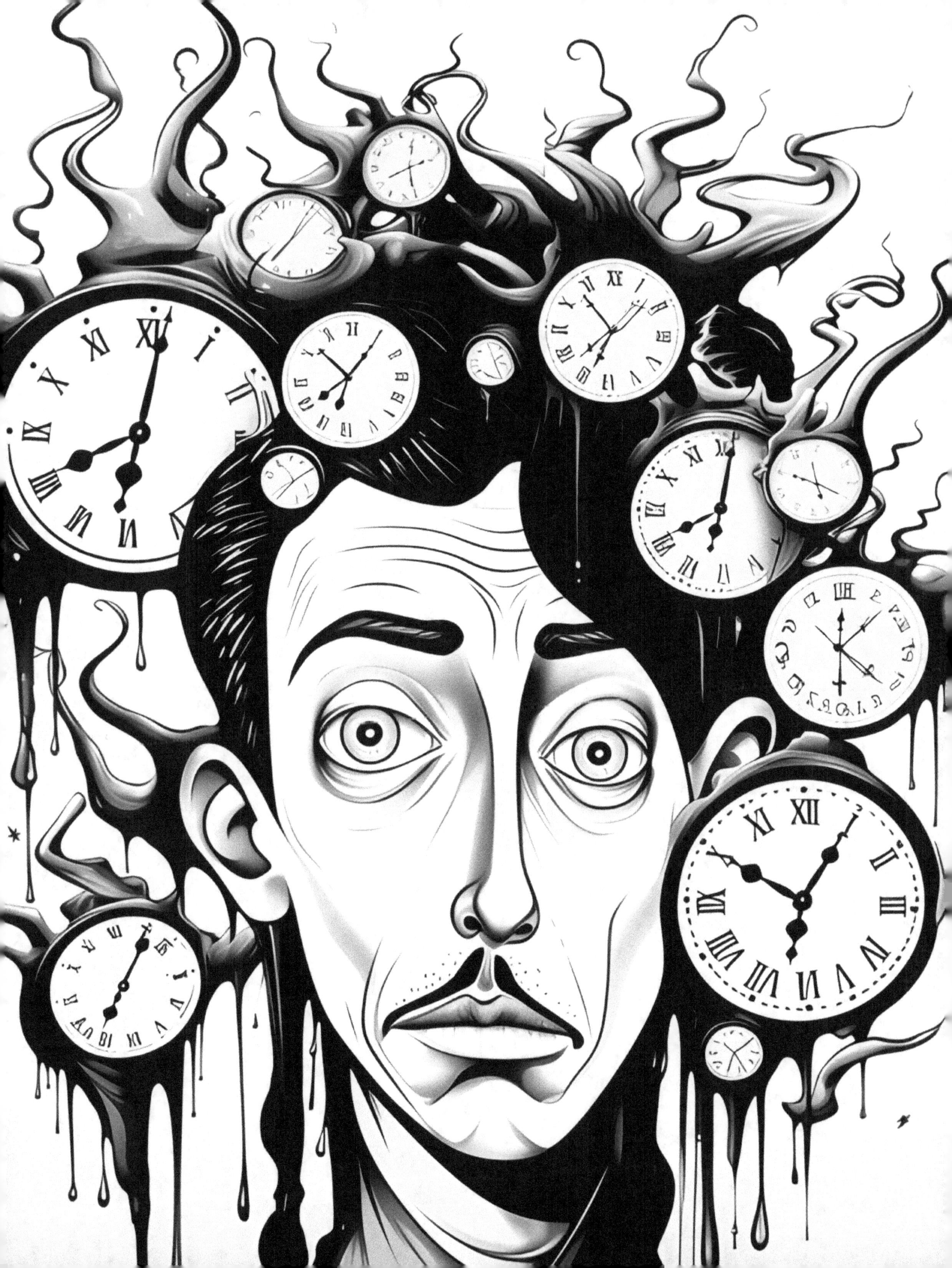

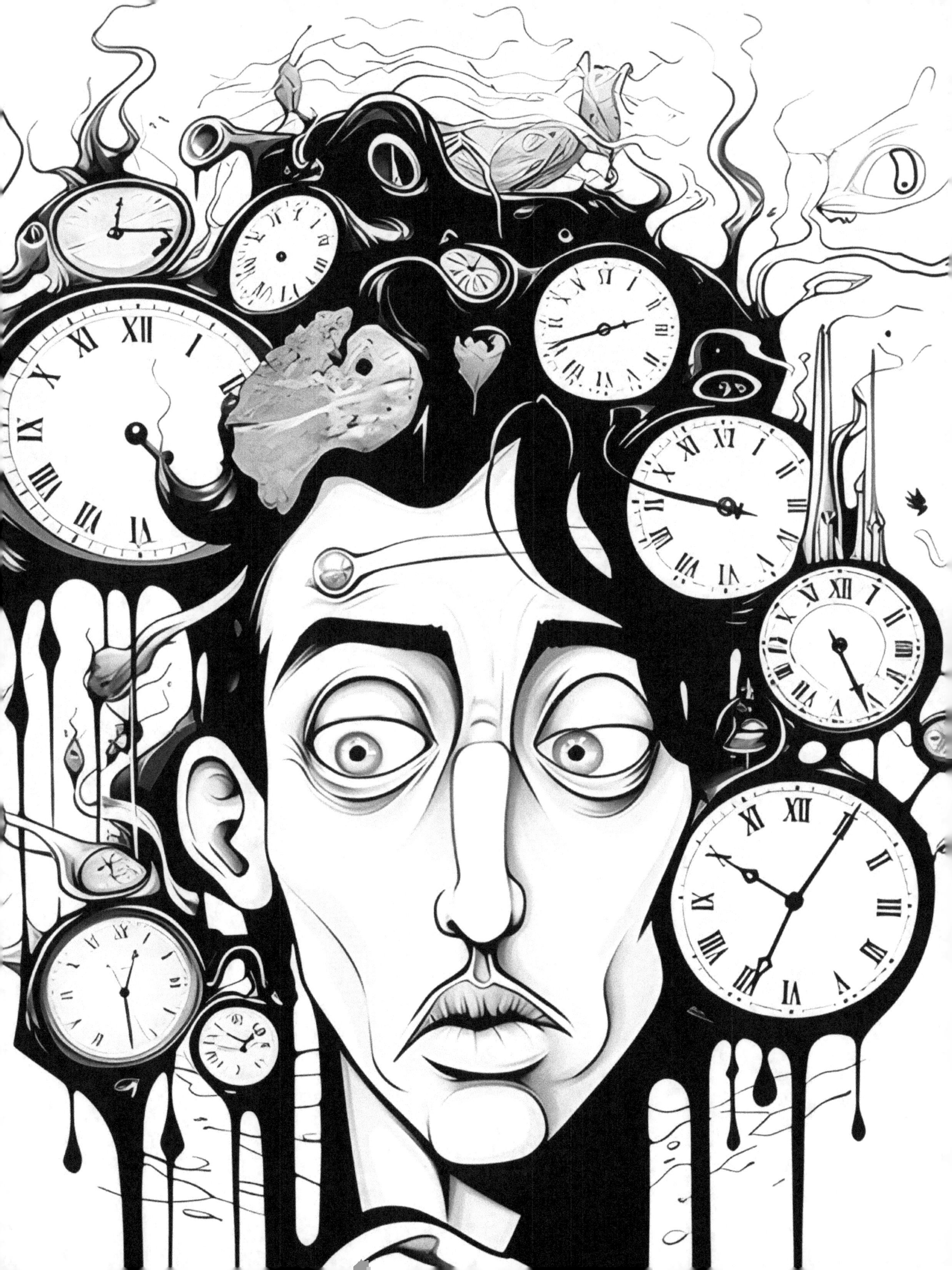

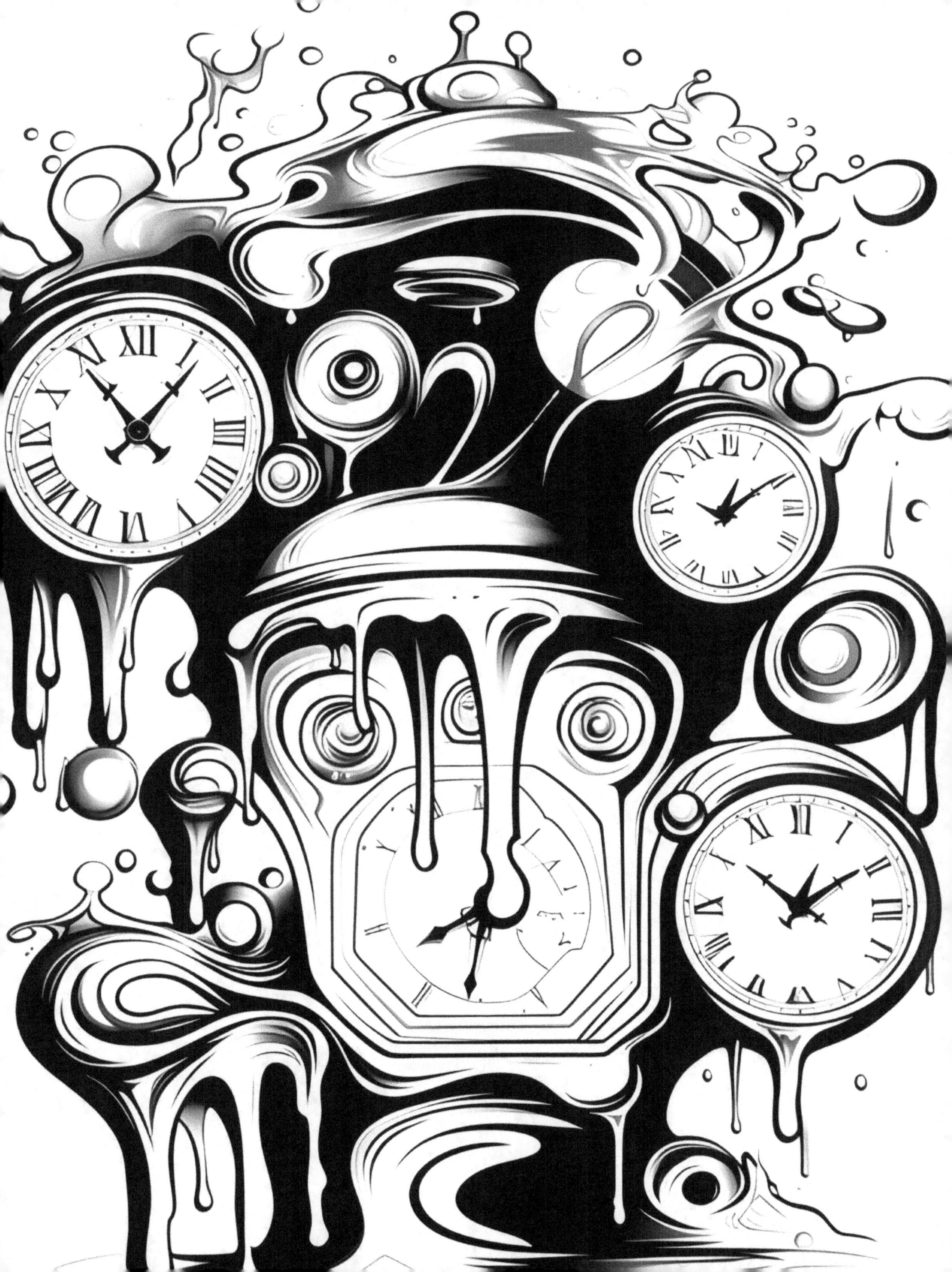

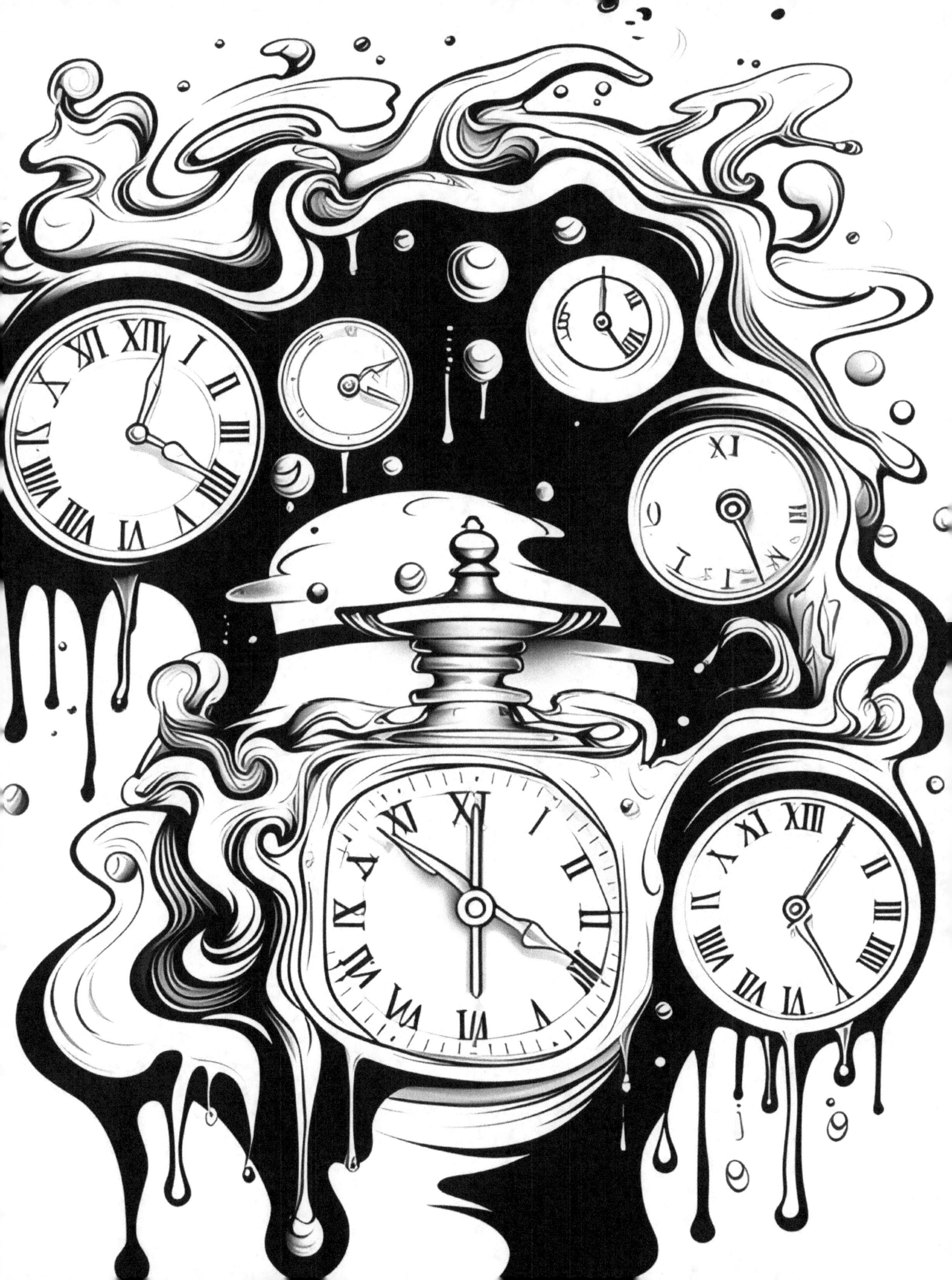

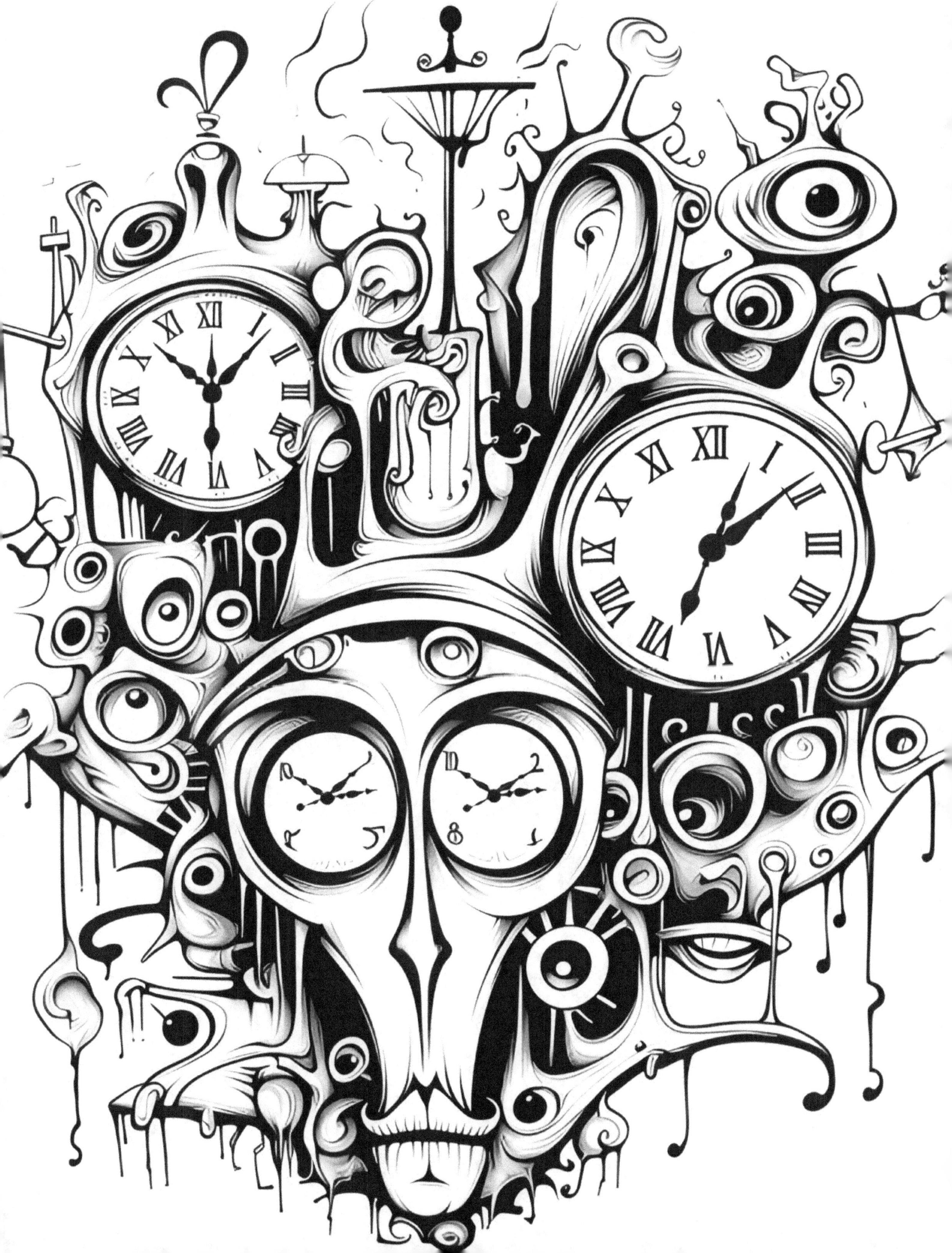

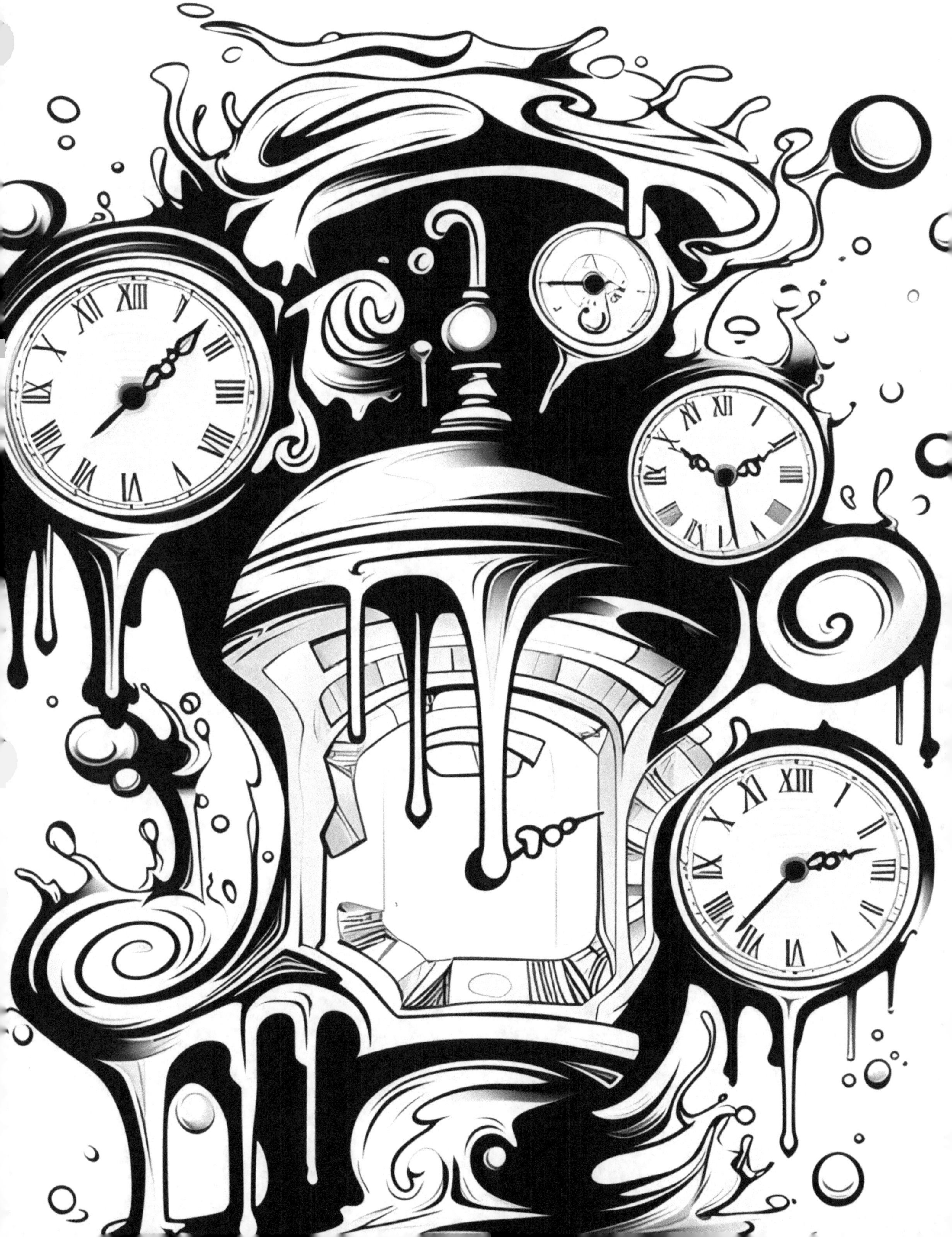

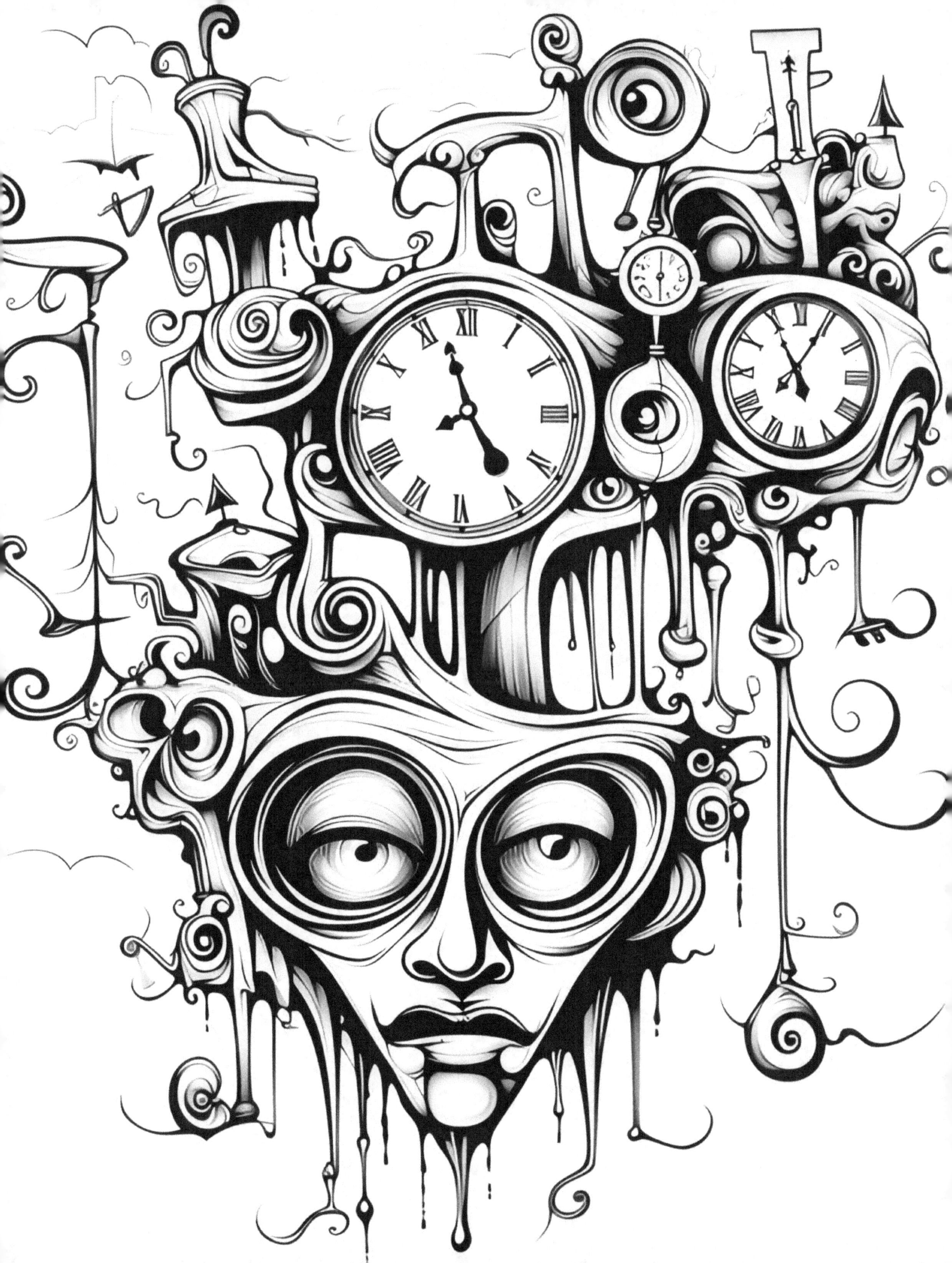

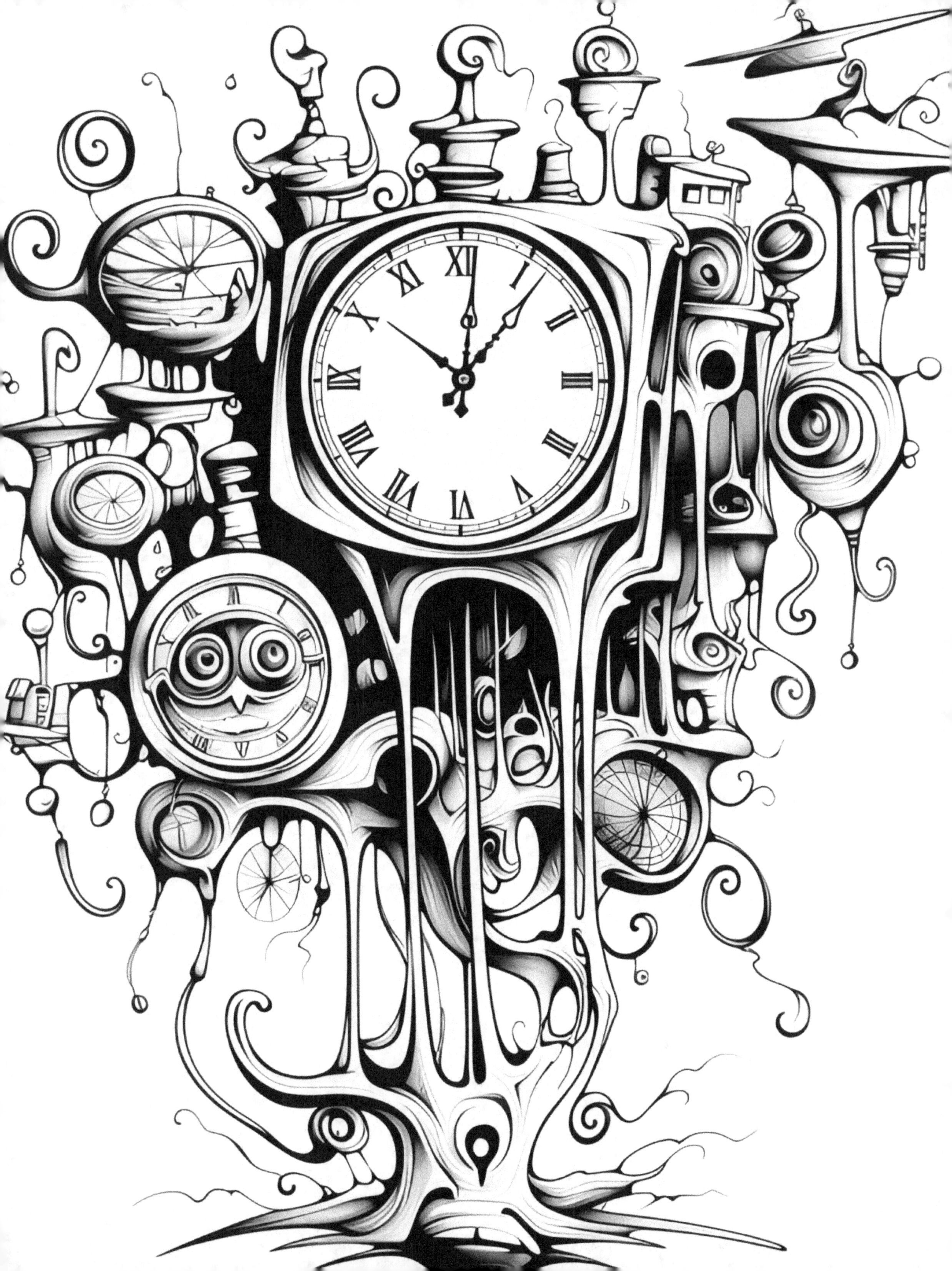

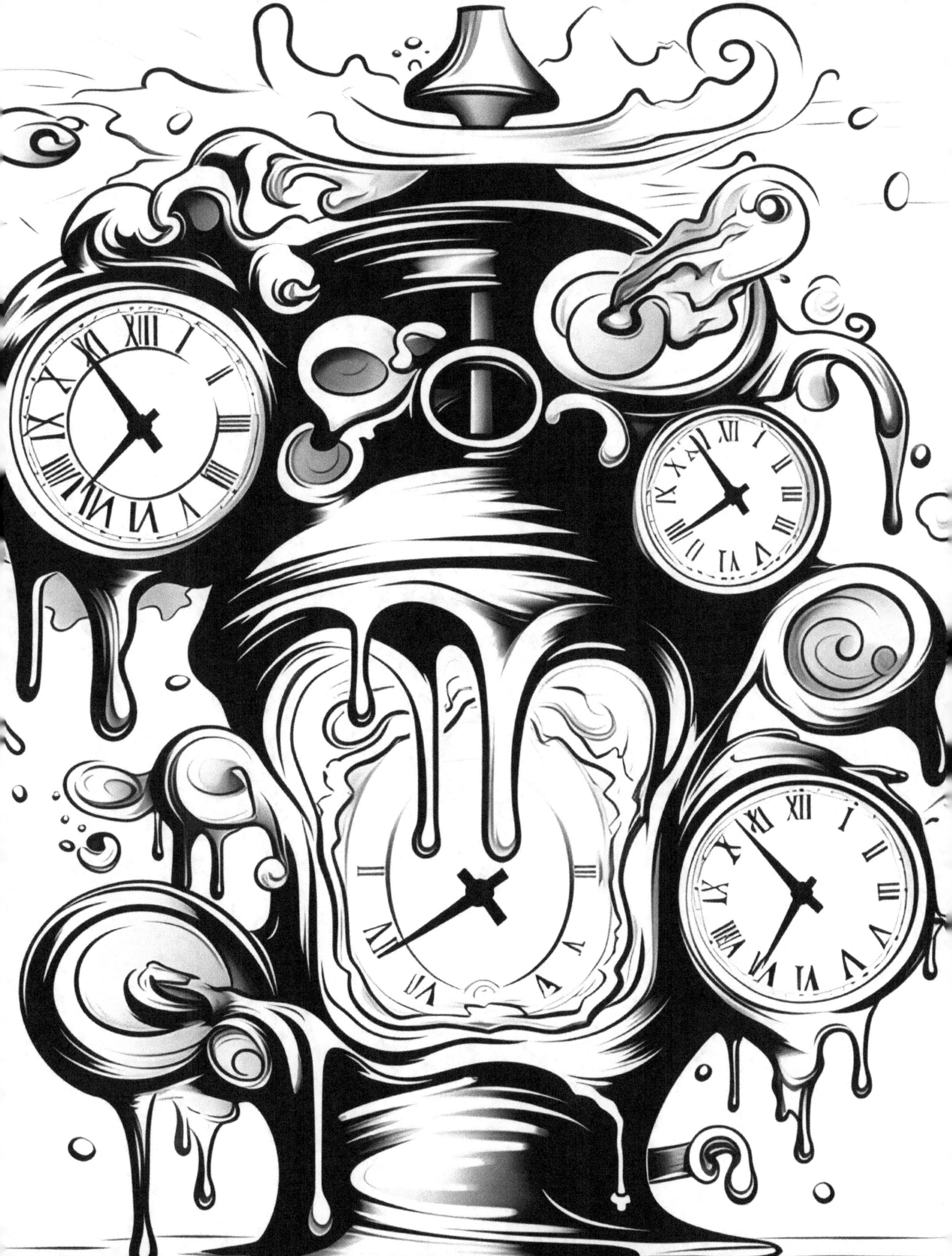

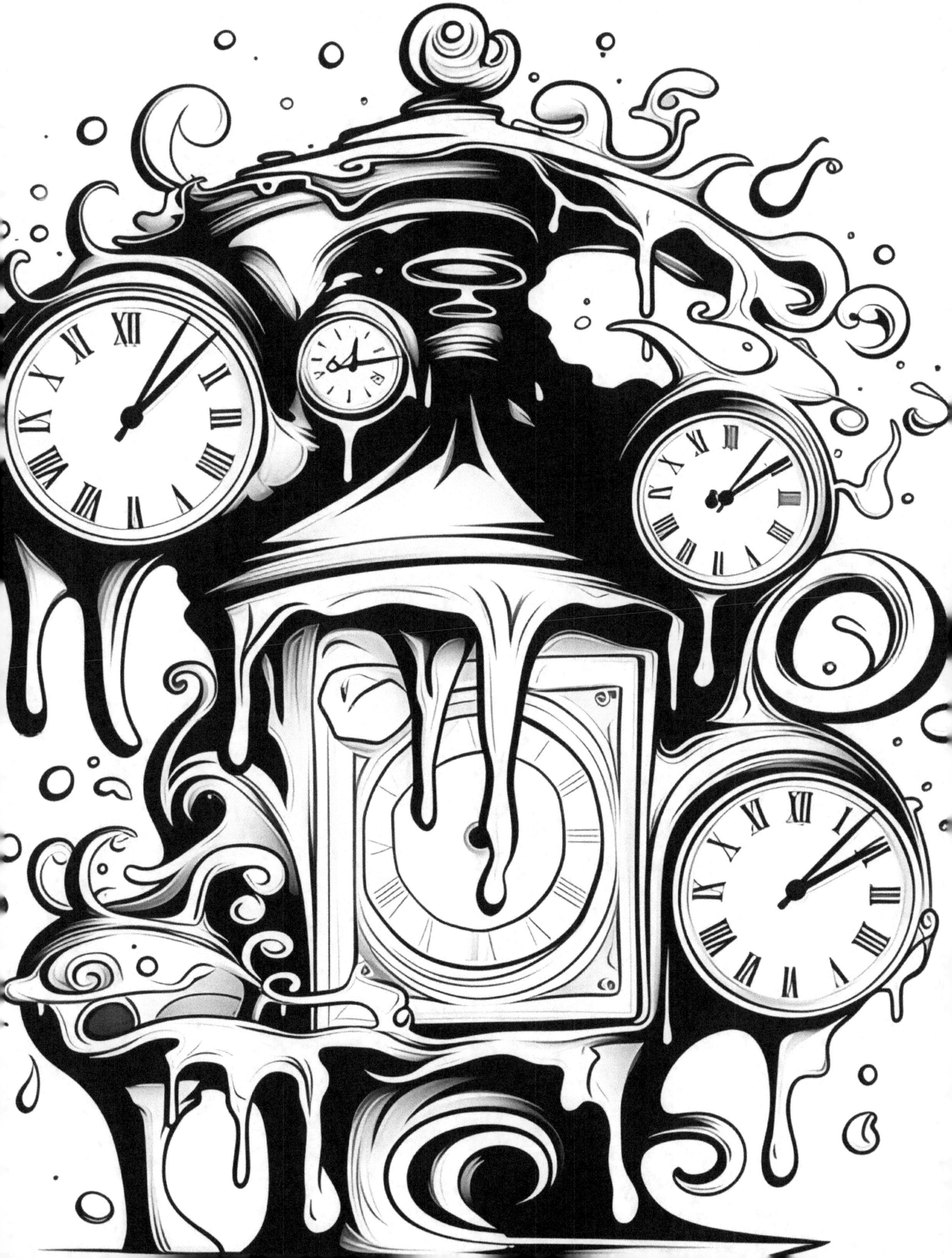

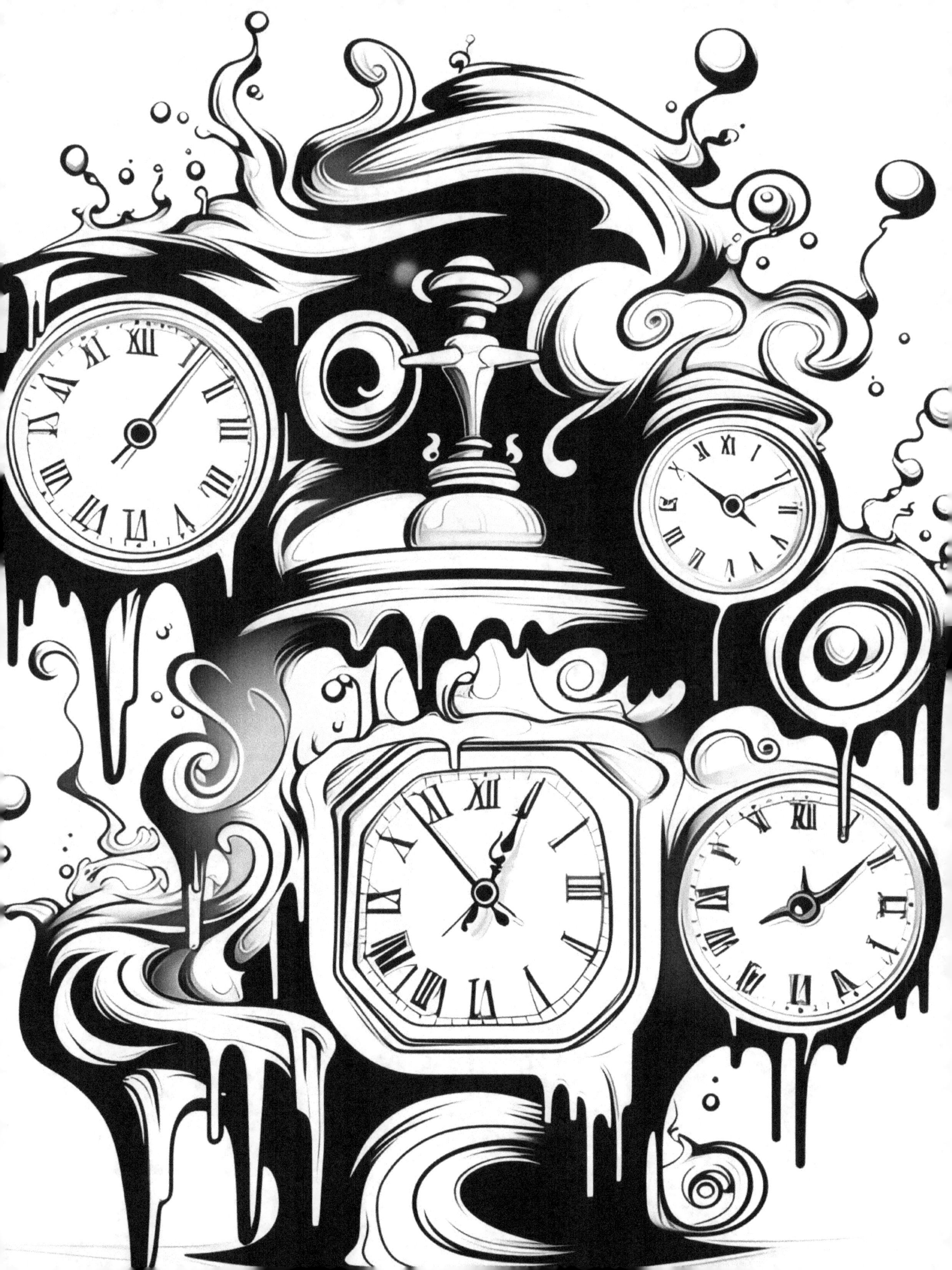

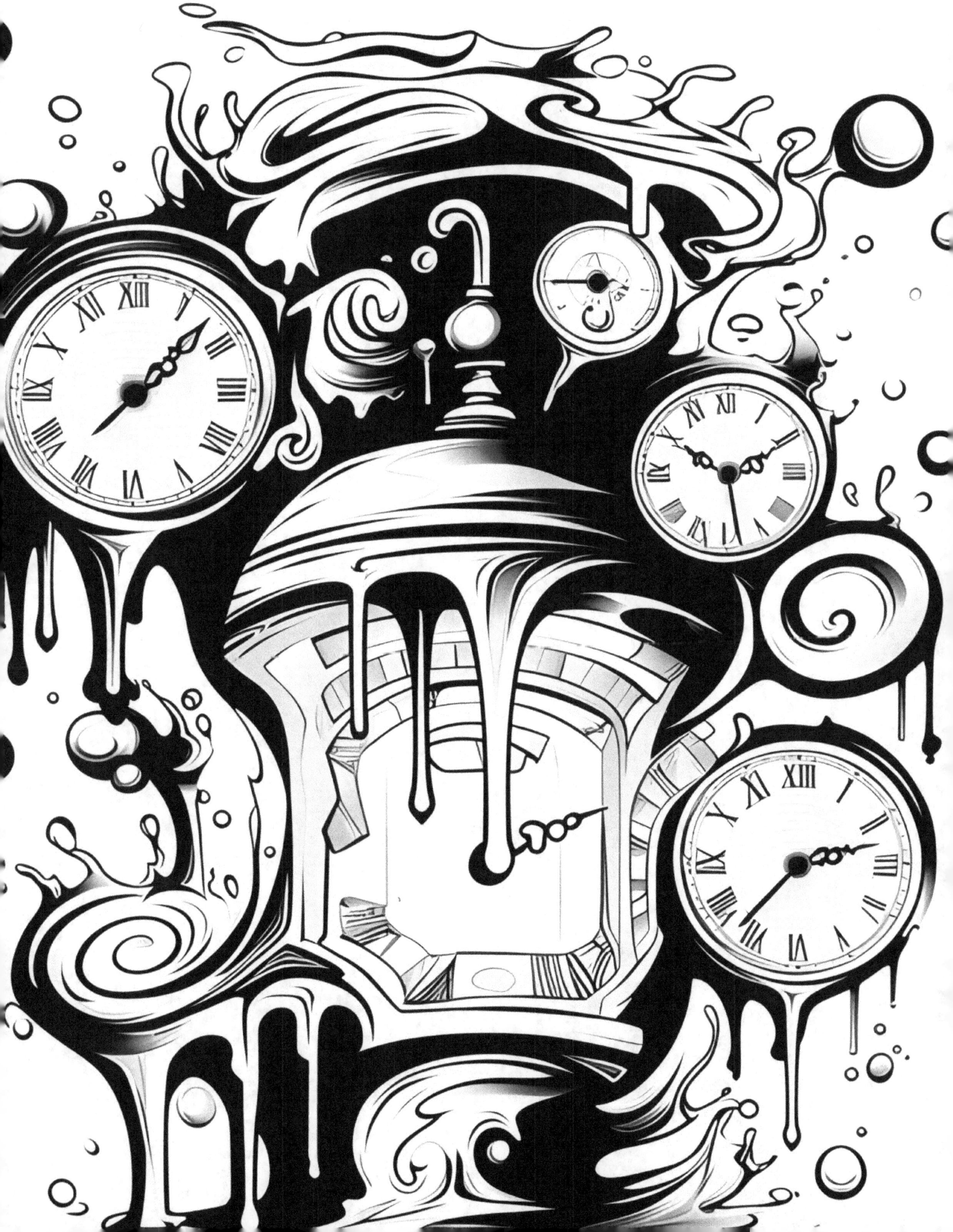

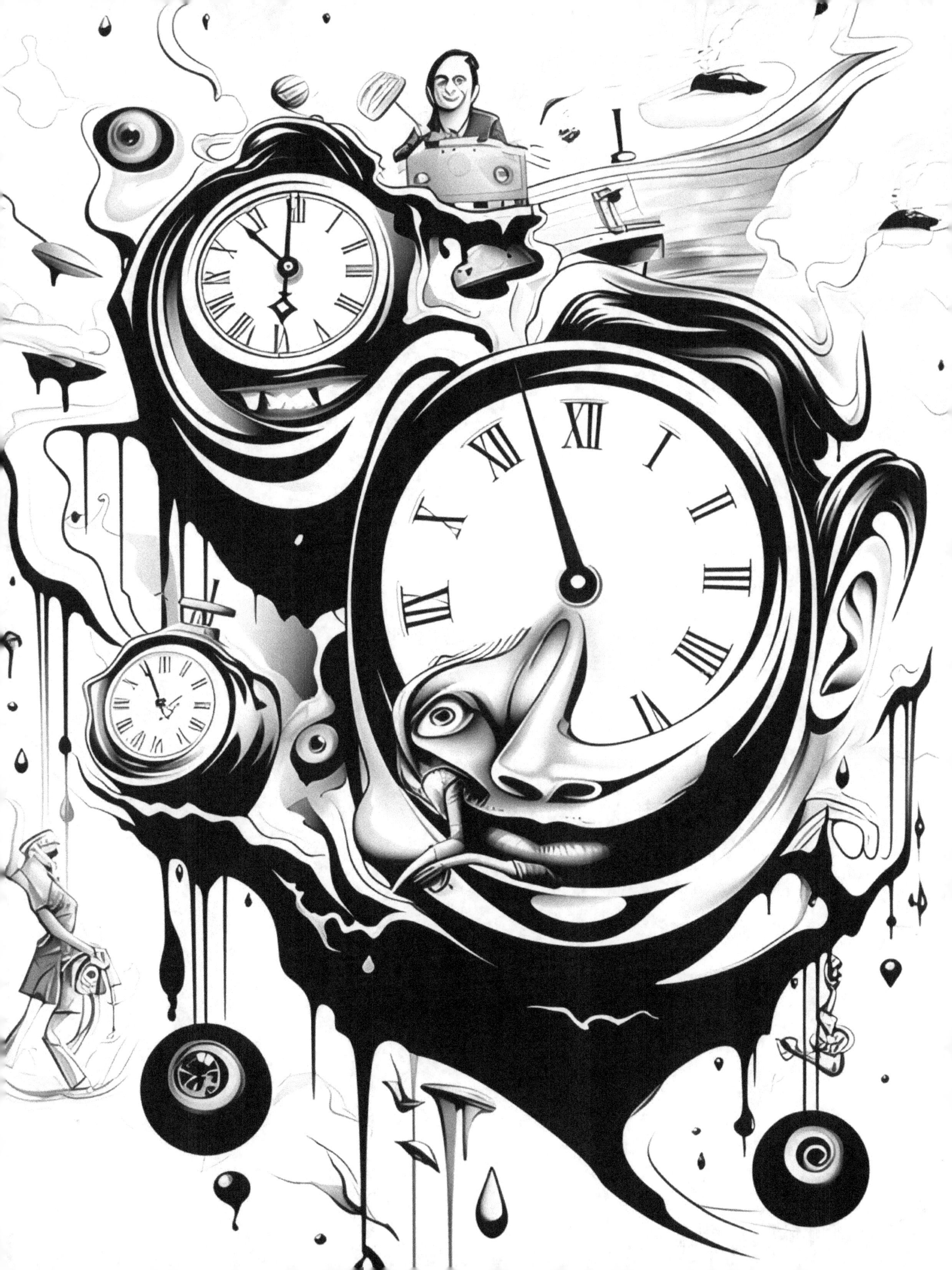

www.ingramcontent.com/pod-product-compliance
Lightning Source LLC
Chambersburg PA
CBHW082221290526
45794CB00009B/3628
* 9 7 9 8 8 5 4 4 1 3 8 6 2 *